絶滅

事典

20世紀末 モノ&コトカタログ

編著　造事務所

KANZEN

はじめに

かつては当たり前に存在していた

　令和の時代が始まり、平成の時代でさえ、かなり昔のことのように感じる人も多いのではないでしょうか。とくに、昭和生まれの人は、高度経済成長とバブル崩壊という大きなうねりを経験しました。

　そんな時代に、たくさんのものがつくられ、私たちはそれらを当たり前のように使っていました。この本では、そうしたかつて当たり前のように存在していたけれど、いつしか見かけなくなったものを紹介しています。当時の自分を思いだしつつ、楽しく読めます。

本書が対象とする時代の主なできごと

年代	できごと	年代	できごと
1970年	大阪万博	1987年	国鉄が分割民営化
1971年	カップヌードル発売	1988年	瀬戸大橋が開通
1972年	札幌オリンピック	1988年	東京ドームが完成
1972年	パンダが一般公開	1988年	青函トンネル開通
1972年	沖縄返還(沖縄県発足)	1989年	平成がスタート
1977年	カラー放送へ移行	1989年	消費税の導入
1978年	成田空港が開港	1989年	横浜ベイブリッジ開通
1982年	500円硬貨が発行	1990年	大学入試センター試験開始
1983年	東京ディズニーランドが開園	1991年	バブルが崩壊
1985年	バブル景気に突入	1993年	Jリーグが開幕
1985年	筑波万博	1993年	冷夏による米不足
1985年	日本電信電話公社が民営化	1994年	関西国際空港が開港
1986年	男女雇用機会均等法制定	1998年	長野オリンピック

この本の見方

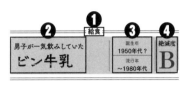

男子が一気飲みしていた
ビン牛乳

❶給食

❸ 誕生年
1950年代？
流行年
〜1980年代

❹ 絶滅度
B

昭和時代の小学校の給食時間、たいていの男子は、片手を腰に
あてて、ビン入りの牛乳ことビン牛乳を一気飲みしていた。

そもそも、給食でビン牛乳が普及するようになったのは1950
年代後半ぐらいから。その後、長らくビン牛乳だったが、1980
年代に入ると紙パックに置き変わっていった。理由は、紙のほう
が軽いため、輸送が楽なことやコストが安いためとされている。

給食だけでなく、世の中全体からビン牛乳は姿を消しつつあ
る。2020年には、小岩井乳業が需要の低下などからビン牛乳の
製造・販売を終了し、すべてを紙パックに置き変えると発表し
た。今後は、ビン入りの飲料がよく置かれている銭湯などでも、
一気飲みする光景は見られなくなっていくのだろう。

ちなみに、給食に牛乳が出るの
は学校給食法施行規則で定められ
ているからだ。この規則によれ
ば、「パンまたは米飯、ミルクお
よびおかずである給食」が正式な
給食ということになっている。

先割れスプーンも給食で見なく
なった。先端がフォーク状の先割

笑わせてくれる同級生がいて、後始
末がたいへんだった。

64

---

❶分野

見かけなくなったもののジャンル
を表しています。

❷名称

絶滅したものの名称やそれに関連
した総称です。

❸誕生年と流行年

絶滅したものが生まれた年代と流
行した時期を表しています。

❹絶滅度

どれくらい見かけなくなったかの
度合いを表しています。

※絶滅の度合いは編集部が独自の判断で設定しています。見かける頻度の少
なさに応じて「S」「A」「B」「C」の順に格付けしています。

CONTENTS

はじめに　かつては当たり前に存在していた ……………………… 2

Part.1 ｜ 生活（衣食住）

〈ファッション〉コギャル、ヤマンバギャル　○○ギャル ……………… 10
〈ファッション〉80年代に続々と誕生した　○○族 …………………… 12
〈ファッション〉一世を風靡したディスコの定番だった　ボディコン ……… 13
〈ファッション〉お嬢様ファッションの先駆け　ニュートラ・ハマトラ …… 14
〈ファッション〉半袖ジャケットがダサすぎた　省エネルック …………… 15
〈ファッション〉バブル期を象徴していた　肩パッド入りスーツ ………… 16
〈ファッション〉業界人の定番アイテムだった　肩掛けセーター ……… 17
〈ファッション〉祖母・母世代が愛用し続ける　ズロース ……………… 18
〈ファッション〉頭全体やおでこに巻いた　バンダナ …………………… 19
〈トレンド〉都合のよい男性の代名詞である　さまざまな○○君 ……… 20
〈トレンド〉その実態はニートだった？　家事手伝い …………………… 21
〈トレンド〉使うと昭和の雰囲気が漂う　アベック ……………………… 22
〈トレンド〉華やかな業界限定だった　ヤンエグ ……………………… 23
〈トレンド〉1980年代の最先端の若者たち　新人類 ………………… 24
〈トレンド〉他校にまでケンカを売りにきた　ツッパリ ………………… 25
〈トレンド〉ハードルが激高だった　結婚相手の条件 ………………… 26
〈トレンド〉「24時間戦えますか」と言えた　無茶な働き方 …………… 27
〈美容・健康〉多くの女性がまねをした　聖子ちゃんカット …………… 28
〈美容・健康〉いるだけで威圧感を与えた　パンチパーマ ……………… 29
〈美容・健康〉朝から気分は薬師丸ひろ子に　朝シャン ……………… 30
〈美容・健康〉飲料系健康ブームの走りだった　紅茶きのこ ………… 31
〈美容・健康〉部屋の片隅で洋服がけに？　ぶら下がり健康器 ……… 32
〈美容・健康〉ケガをしたときに欠かせなかった　赤チン ……………… 33
〈飲食〉タピオカは何度も流行していた　スイーツブーム …………… 34
〈飲食〉CMがインパクト大だった　なつかしのお菓子 ……………… 35
〈飲食〉地酒ブームを巻き起こした　二級酒 ………………………… 36
〈飲食〉飲んだあと踏んで遊んだ　三角パック ……………………… 37
〈住宅〉ほかの部屋とくらべ浮いていた　応接間 …………………… 38
〈日用品〉おいしく食べるのに必要だった　いちご用スプーン ……… 40
〈日用品〉呼称だけは変わらない　粉末の歯磨き剤 ………………… 41
〈日用品〉近くだと暑く遠いと寒かった　だるまストーブ …………… 42
〈日用品〉顔や髪にもくっついた　ハエ取り紙 ……………………… 43
〈日用品〉世界で使われるようになった　蚊帳 ……………………… 44

〈日用品〉浴槽の隣にあった　ガス風呂釜 ……………………………… 45

〈日用品〉洗浄力と乾燥力で今なお人気の　二槽式洗濯機 ……………… 46

〈日用品〉今はインテリアとして需要大　足踏み式ミシン ……………… 47

〈日用品〉部屋に鳴り響く音が懐かしい　ダイヤル式の黒電話 ………… 48

〈日用品〉ところ構わず何にでも装着した　布製カバー ………………… 49

〈日用品〉明暗が分かれてしまった　分厚い電話帳 ……………………… 50

〈制度・慣習〉週休2日制が定着する前は　半ドン ……………………… 51

〈制度・慣習〉意外と子どもはわくわくした　鉄道ストライキ ………… 52

〈制度・慣習〉さまざまな試練が待ち受けていた　昭和の新入社員 …… 53

（コラム）あのころはどうだった？［経済編］ ………………………… 54

Part.2 ｜ 学校

〈授業〉今やったら裁判沙汰かもしれない　チョーク投げ ……………… 56

〈授業〉昔の常識は今では非常識に　士農工商 …………………………… 58

〈授業〉町の風物詩を奏でていた　リコーダーでチャルメラ …………… 59

〈授業〉本当は目によくなかった　プール後の洗眼 ……………………… 60

〈授業〉トラウマになった生徒もいた　授業で解剖 ……………………… 62

〈部活〉脱水症状を起こす人が続出した　部活中の給水禁止 ………… 63

〈給食〉男子が一気飲みしていた　ビン牛乳 ……………………………… 64

〈行事〉人手は多いが面倒も多かった　校内清掃のトラブル ………… 66

〈行事〉母親が来て兄は来なかった　父兄参観 …………………………… 67

〈行事〉ドキドキしながら待っていた　電話の連絡網 …………………… 68

〈行事〉バナナはおやつに入るか悩んだ　遠足 …………………………… 69

〈行事〉やけどや騒音が問題になった　スターターピストル ………… 70

〈行事〉提出するのが恥ずかしかった　ぎょう虫検査 …………………… 72

〈行事〉本当は無意味だった　座高測定 …………………………………… 73

〈設備〉元祖歩きスマホだった!?　学校の二宮金次郎像 ………………… 74

〈設備〉洗えば洗うほど不衛生だった　網に入った石けん ………… 76

〈設備〉同級生にいじられかねなかった　和式トイレ …………………… 77

〈文具・用具〉いつの間にか中身が変わった　白線用の消石灰 ……… 78

〈文具・用具〉削る手間いらずだが寿命は短い　ロケット鉛筆 ………… 79

〈文具・用具〉進化を極めて流行が終息した　多面式筆箱 ……………… 80

〈文具・用具〉食品サンプルのようなものまであった　香り付き消しゴム 81

〈文具・用具〉子どもはみんな持ち歩いていた　ボンナイフ …………… 82

〈文具・用具〉クレヨンと絵の具から消えた　はだ色 …………………… 83

〈文具・用具〉汚れやすく破れやすかった　わら半紙 ………… 84

〈文具・用具〉じつはいろいろ危険だった　アルコールランプ ………… 85

〈服装〉不良学生のシンボルだった　ボンタン ………………… 86

〈服装〉体型が丸わかりだった　ブルマー ……………………………… 87

　（コラム）あのころはどうだった？［政治編］ ………………… 88

Part.3 ｜ 趣味・娯楽

〈スポーツ〉結局みんな好きだった　プロ野球の乱闘 ………… 90

〈スポーツ〉まるで漫画のようだった　高校野球のエースで4番 … 92

〈スポーツ〉ファンがあれこれと推測した　覆面レスラー ………… 94

〈スポーツ〉いつの間にか聞かなくなった　サッカー用語 ………… 96

〈スポーツ〉一向に終わりが見えない　バレーボールの試合 ………… 97

〈スポーツ〉誰も打ち返せなかった　卓球の低いトスのサーブ ………… 98

〈スポーツ〉サラリーマンの必修科目だった　接待ゴルフ ………… 99

〈スポーツ〉まさに鉄火場だった　競馬場のマナー ………… 100

〈スポーツ〉東京ボンバーズの激闘！　ローラーゲーム ………… 102

〈遊び〉男子が夢中になった　めんこ ………………………… 103

〈遊び〉プラモづくりの入り口になった　100円プラモ ………… 104

〈遊び〉路地裏にガンマンをたむろさせた　銀玉鉄砲 ………… 105

〈遊び〉たびたびケンカの原因になった　消える魔球の野球盤 … 106

〈遊び〉少年たちの夢がつまっていた　秘密基地 ………… 107

〈遊び〉女子が夢中になった　外遊び ……………………… 108

〈遊び〉いろいろな種類があった　公園の遊具 ………… 109

〈遊び〉おいしい商売だった　カラーひよこ ……………… 110

〈遊び〉アナログな改善法が試みられた　ファミコン ………… 111

〈遊び〉景気よく流れていた　パチンコ屋の軍艦マーチ ………… 112

〈遊び〉声の出会い系としても使われた　伝言ダイヤル ………… 113

〈イベント〉多くのカップルが競い合った　派手な演出の結婚式 ……… 114

〈イベント〉サラリーマンが浮かれ騒いだ　花金 ………… 116

〈趣味〉ブームの陰で脱走が頻発した　シベリアンハスキー ………… 117

〈趣味〉なぜか部屋に飾っていた　旅行のおみやげ ………… 118

〈趣味〉何となく理解した気でいた　マーフィーの法則 ………… 120

〈趣味〉バブルはゲレンデにも舞い降りた　ド派手なスキーウェア ……… 121

〈趣味〉その時代の様相を彩った　音楽ジャンル ………… 122

〈趣味〉1本分の料金で観られた　2本立て上映 ……………………… 123
〈オカルト〉最初から期間限定だった　ノストラダムスの大予言 ………… 124
〈オカルト〉生まれては消えていく　昭和の都市伝説 ……………… 125
〈オカルト〉全国の少年少女が挑戦した　スプーン曲げ ……………… 126
〈オカルト〉みんなが必死に探しまわった　未確認生物 ……………… 127
〈オカルト〉UFOの着陸痕かプラズマか!?　ミステリーサークル ……… 128
〈オカルト〉今も形を変えて存在する？　不幸の手紙 ……………… 129
〈テレビ・ラジオ〉庶民のあこがれだった　クイズ番組でハワイ旅行 …… 130
〈テレビ・ラジオ〉お茶の間の空気を気まずくした　ポロリもあるよ ……… 131
〈テレビ・ラジオ〉銃撃や爆破などド派手だった　アクション刑事ドラマ … 132
〈テレビ・ラジオ〉バラエティの花形だった　コント番組 ……………… 133
〈テレビ・ラジオ〉好きな歌手の順位に一喜一憂した　ランキング形式の歌番組 134
〈テレビ・ラジオ〉テレビドラマの花形だった　2時間ドラマ …………… 135
〈テレビ・ラジオ〉番組の途中で突然現れた　「しばらくお待ちください」… 136
〈テレビ・ラジオ〉子どもにチャンネル権はなかった　プロ野球の試合中継 137
〈テレビ・ラジオ〉時間になると待機していた　ラジオのエアチェック …… 138
〈新聞・雑誌〉同好を見つける唯一の手段だった　雑誌の文通相手募集 139
〈新聞・雑誌〉多くの若者が買っていた　テレビ情報誌 ………………… 140
〈新聞・雑誌〉訃報を伝える最適な手段だった　新聞の死亡広告 ……… 141
（コラム）あのころはどうだった？[国際編] ………………………… 142

Part.4 ｜ 仕事・技術

〈職業〉軽快なフレーズが耳に残った　移動販売 ………………………… 144
〈職業〉テレビで中継されていた　プロボウラー ………………………… 146
〈職業〉「もしもし」の由来となった　電話交換手 ……………………… 147
〈職業〉つねにハサミの音をさせていた　改札に立つ駅員 …………… 148
〈職業〉会えたらうれしくなる　エレベーターガール ………………… 149
〈職業〉巨大な壁画を1日で描き上げる　銭湯絵師 …………………… 150
〈職業〉夜の学校を見回っていた　宿直 ………………………………… 152
〈職業〉情報産業の変化を象徴する　写植オペレーター ……………… 153
〈職業〉子どもにとっての社交場だった　駄菓子屋 …………………… 154
〈職業〉昔から続く教育の場だった　習い事の塾 ……………………… 155
〈職業〉人気イベントの風物詩だった　ダフ屋 ………………………… 156
〈交通〉個人商店が愛用していた　三輪トラック ……………………… 157

〈交通〉今やタバコの着火にも使われない　シガーライター　……………　158

〈交通〉トラック野郎が華やかさを競った　デコトラ　………………　160

〈交通〉国鉄時代の置きみやげだった　オレンジカード　………………　161

〈交通〉車窓を楽しみながら食事した　食堂車　………………………　162

〈交通〉巨大さが正義だった時代の象徴　ジャンボジェット　…………　163

〈交通〉いつの間にか路上から消えた　はしご型の横断歩道　…………　164

〈機器〉茶の間の娯楽性を高めた　ブラウン管テレビ　…………………　165

〈機器〉「半永久保存版」とはならなかった　レーザーディスク　………　166

〈機器〉アマチュア映画で重宝された　8ミリフィルム　…………………　167

〈機器〉映像の楽しみ方を多様化させた　ビデオデッキ・テープ　………　168

〈機器〉パソコンでその名残りが見られる　フロッピーディスク　…………　169

〈機器〉安くて手軽な行楽のお供だった　使い捨てカメラ　………………　170

〈機器〉現像までの時間が意外性を生んだ　フィルムカメラ　…………　171

〈機器〉個人レベルで音の所有を広めた　ラジカセ　……………………　172

〈機器〉新たな記録媒体と期待された　ミニディスク　…………………　173

〈機器〉時間が経つと文字が消えた　ワープロ専用機　…………………　174

〈機器〉年末年始に一家総出で作業した　年賀状の大量印刷　…………　175

〈機器〉エリート社員のアイテムだった　電子手帳　……………………　176

〈機器〉個々人がつながる感覚を広めた　ポケベル　……………………　177

〈機器〉ガラケーより安くてお得だった　PHS　…………………………　178

〈機器〉操作の基本はキーボード入力　Windows 以前の OS　…………　179

〈機器〉電話とネットが併用できなかった　アナログ回線　………………　180

〈施設〉威勢のいい大人たちの社交場　ディスコ　………………………　181

〈施設〉ちょっとした非日常の空間だった　デパートの屋上が遊園地　…　182

〈設備〉飲料から食品、日用品まで　多種多様な自動販売機　…………　183

〈設備〉人気漫画の主人公も利用した　駅の伝言板　……………………　184

〈設備〉注文が来るまでのお楽しみだった　卓上おみくじ器　…………　185

〈設備〉じつは赤一色とは限らない　丸型ポスト　………………………　186

〈設備〉タダで冷たい水が飲めた　冷水機　………………………………　187

〈設備〉青春の一コマを彩った　公衆電話　………………………………　188

索引　…………………………………………………………………………　189

Part.1

生活（衣食住）

コギャル、ヤマンバギャル ○○ギャル	誕生年 **1972年** 流行年 **1980年代～2000年代**	絶滅度 **B**

「ギャル」という言葉は、1970年代にジーンズブランドのラングラーが「Gals」という女性用ジーンズを発売して広まった。当時、ギャルは元気のよい女性という意味で使われ、主に女子大生が対象だった。それが85年以降、女性アイドルグループの「おニャン子クラブ」がブームになると、女子高生に注目が集まるようになり、ギャルの対象も低年齢化していく。

決定づけたのが90年代前半に登場したコギャルだ。ミニスカート、厚底ブーツ、ロングヘアに茶髪、極細眉毛に日焼けサロンで焼いた浅黒い肌が特徴だった。このころ、『egg』や『Cawaii』といったギャル雑誌の創刊も追い風になる。

コギャルファッションはとくに女子高生の間で流行し、コギャルの風貌で制服を着用する際は、厚底ブーツに代わってルーズソックスを履くのが定番だった。彼女たちの尊敬するカリスマ店員が渋谷109に集中していたこと、コギャルが数多くいたことから、コギャルは「渋谷系ギャル」と位置づけられていた。

1999年から2000年にかけてはヤマンバギャルが登場する。髪の毛を脱色して白色に近い金髪にしたり、部分メッシュを施したり、わざと乱れたようなヘアスタイルにしていた。ガングロというメイクをして白い色のグロスやアイラインを引いた。

ファッションではなく言動から命名

1980年代から2000年代にかけてはトレンドとなっている若い女性に、やたらとギャルとつけるのが流行していた。

たとえば、渋谷系ギャルのブームがいったん収まると、それに入れ替わるかたちで、タレントのきゃりーぱみゅぱみゅや藤田ニコルの登場によって、原

いろいろな種類のギャルがいたが、違いがよくわからなかった。

宿系ギャルが注目され始める。ちなみに原宿系ギャルのファッションは、奇抜なヘアカラーだけでなく、ヘアピンや衣装にカラフルな色合いのものを取り入れるのが一つの特徴だった。さらに14年ごろになると、海外セレブのファッションを取り入れた新感覚のギャルとしてネオギャルも登場している。

オヤジギャルという言い方もあった。主に80年代から90年代にかけて、中高年男性のような行動をとる若い女性を指している。スポーツ新聞で野球や競馬の記事を読んだり、日本経済新聞で株価のチェックをしたり、それこそ平気でオヤジギャグを言ったり、牛丼チェーン店や駅の立ち食いそば屋に入る女性のことだった。当時はまだ牛丼チェーン店などに入るのは、学生やサラリーマンと相場が決まっていた時代だった。今は1人で牛丼を食べているからといって、オヤジギャルとは言われない。

80年代に続々と誕生した ○○族

誕生年	流行年	絶滅度
1980年代前半	1980年代	B

1960年代に流行した「太陽族」「みゆき族」に続き、1980年代初頭に社会現象となったストリートカルチャーが竹の子族。当時、原宿の代々木公園横が毎週日曜、歩行者天国（ホコ天）になっており、その路上でラジカセを囲み、ディスコサウンドに合わせてステップダンスをしていた若者の集団だ。原色と大きな柄物の生地を多用した、アラビアンナイトの世界を彷彿させるカラフルな衣装を身にまとう姿が目を引いた。

当時は約50チーム、2000人規模だったが、80年代以降はローラー族、バンドやブレイクダンスなどほかのパフォーマンス集団に押され、竹の子族は下火になった。

竹の子族とほぼ同時期には、アンノン族とカラス族が現れる。アンノン族は雑誌『an・an』『non・no』を片手に旅する若い女性たち、カラス族は80年代のDCブランドブームの時代に現われた黒いアイテムを全身にまとった若者らだ。今でこそ黒づくしのファッションは当たり前だが、当時は衝撃的だった。

余談だが、暴走族が最盛期を迎えたのも80年代だった。このように、80年代までは○○族と名づけられた集団や現象が多かったが、それ以降は「○○系」といったくくり方が一般的になっていく。

ファッション

一世を風靡したディスコの定番だった

ボディコン

誕生年	絶滅度
1981年	**C**
流行年	
1990年代前半	

　ボディコンとは「ボディ・コンシャス」の略である。「肉体を意識する」という意味のとおり、ボディラインを際立たせることをコンセプトに、余計なものは排除し、女性の身体にぴったりと密着させたデザインやスタイルを指している。

　はじまりは1980年代前半、ミラノ・コレクションでアズディン・アライアというデザイナーが発表したボディ・コンシャス・スーツだ。身体にフィットするだけでなく、ミニ丈のスカートでセクシーさを兼ね備えていたことで一気に注目された。ナオミ・キャンベルをはじめ、スーパーモデルから支持されたという。

　日本でボディコンが一大ブームになったのは1980年代のバブル期以降。東京のディスコ、ジュリアナ東京（94年8月31日に閉店）では、ボディコン・スーツに身を包み、真っ赤な口紅、ワンレンにピンヒールの女性たちが夜な夜な踊り明かしていた。ワンレンとは、前髪から後ろまで同じ長さに切りそろえたヘアスタイル。80年代、トレンディドラマで人気絶頂だったW浅野（浅野ゆう子・浅野温子）がワンレンだったこともあり、多くの女性がまねた。当時は「ワンレン・ボディコン」とセットで呼ばれた。

　なお、ボディコンはそれ以降も少しずつアレンジを加えながらも健在。セクシーな魅力を打ち出したいときの定番になっている。

お嬢様ファッションの先駆け
ニュートラ・ハマトラ

誕生年 **1970年代**	絶滅度
流行年 **1975年～80年代半ば**	**C**

1970年代から80年代にかけて、ＯＬや女子大生の間で流行ったファッションスタイルがニュートラだ。「ニュー・トラディショナル」の略で、ブレザーやワンピース、カーディガンなどのトラッドなアイテムにグッチやフェンディ、セリーヌ、エルメスなど海外有名ブランド小物を合わせるという、いわゆるお嬢様風きれいめコーディネートが特色。ジーンズを使用しないことが鉄則だった。神戸発祥のアイビースタイルが起源で、雑誌『an・an』が取り上げ、『JJ』で定着したといわれている。

ニュートラに対抗し、台頭してきたのが横浜トラディショナル、略してハマトラだ。女性版アイビースタイルであり、ポロシャツとベスト、タータンチェックの巻きスカート、ハイソックス、パンプスが基本的な組み合わせで、当時、横浜界隈（かいわい）のお嬢様学校に通う女子大生の多くはこのファッションスタイルだった。

ニュートラが海外ブランドをプラスすることで派手さ、華やかさを備えたファッションなのに対し、ハマトラは完全に横浜元町の伝統的ブランドが基本だった。80年に一大ブームを起こしたハマトラは翌年には再びニュートラに巻き返されてしまう。

今なお、ニュートラの上品さや大人の女性らしさ、ハマトラのプレッピーなセンスは女性たちのファッションに息づいている。

=== ファッション ===

半袖ジャケットがダサすぎた

省エネルック

誕生年	絶滅度
1979年	**A**
流行年	
1979年〜94年	

　第二次オイルショックの影響を受け、省エネ対策として、職場でクーラーの使用を控えてもらうために提唱された夏用の紳士服、それが省エネルックだ。ジャケットを半袖にしたスーツというスタイルで、当時首相だった大平正芳をはじめ、政治家が連日、この半袖スーツを着てメディアに登場した。しかし、定着しなかった。その理由はひとえに見た目のダサさだろう。

　それでも、この省エネルックを続けたのが、のちに首相となる羽田孜だ。「いいことなんだから、恥ずかしがらずに」と言ったり、省エネルックからニューサマースーツと呼称を変えてみたりしたものの、根づくことなく自然消滅した。

　代わりに成功したのが、ごぞんじのクール・ビズ。「涼しい」「カッコいい」という意味の「クール」と、ビジネスの短縮形「ビズ」を掛け合わせた造語だ。2005年、環境対策の一環として始まった衣服の軽装化キャンペーンである。「ノーネクタイ、ノージャケットスタイル」は、ビジネスマンの心に刺さり、受け入れられた。そして夏の取り組みとして定着している。

見かけたことはなかった。

バブル期を象徴していた	誕生年	絶滅度
肩パッド入りスーツ	**1980年**	**C**
	流行年	
	1990年代前半	

　漆黒の太い眉毛に真っ赤なルージュといった濃いメイクに肩パッド入りスーツという出で立ちの女性お笑いタレント・平野ノラが2016年ごろからブレイクした。彼女の服装を見て、青春時代を思い出した人も多いのではないだろうか。

　バブル期のとくに女性のファッションを語るうえで欠かせないものとして、ワンレン、ボディコン（13ページ）、そして肩パッド入りスーツがある。当時、男女問わず、大きな肩パッドの入ったスーツを着ていた。女性は、大きな肩パッド入りのジャケットを着ることでウエスト周りを一段と細く見せることができた。ボディコンとの相性もよかった。

　そもそも、肩パッドは体型を補うものだ。とくになで肩の人が肩パッドなしのスーツを着ると背中にしわが寄ってしまい、逆に貧相に見えてしまう。スーツを着る場面にふさわしく、威厳のある見た目を保つために、肩パッドは必須アイテムだったのである。

　じつは、2009年ごろに再ブームがあり、2019年あたりから肩パッドの入ったジャケットをセットアップで着る若者が増えているという。彼らにとっては新鮮なのだろう。タンスの奥にもう20年近く眠っている肩パッド入りのスーツを取り出すなら今だ。ただし、肩パッドの厚みは昔よりも薄めにするのがよさそうだ。

ファッション

業界人の定番アイテムだった
肩掛けセーター

誕生年	1960年	絶滅度
流行年	1960年～1980年	C

　肩掛けセーター姿の人を見かけると、タレントの石田純一か、テレビ局プロデューサーといった業界人が頭に浮かぶのではないだろうか。「ザギン（銀座）でシース―（寿司）を食う？」などと言っていたのも、肩掛けセーターの業界人だった。

　カーディガンやセーターの袖を通さず、あえて肩に掛け、袖の部分を胸当たりで軽く結ぶ肩掛けセーターは、まさにバブルの象徴だった。当時、ストールやスカーフなどがファッションアクセントになるということで流行ったが、その延長線上で人気が出たのが肩掛けセータースタイルだった。カーディガンやセーターなら、寒ければ袖を通して着ることができるので、スカーフなどより汎用性がある。しかも、女性の場合、やや腕を覆うようにセーターを肩に掛ければ、二の腕を隠せたうえ、視線を上半身に向けられ、腰から下をシャープに見せられるため、女性に重宝がられた。

　長袖Tシャツや長袖シャツを腰に巻くというスタイルも、一時期流行った。ウエストの位置を高くし、視覚的に足を長く見せることができたからだ。

テレビ業界の人のイメージ。

17

祖母・母世代が愛用し続ける
ズロース

誕生年	絶滅度
昭和時代前半	**A**
流行年	
1960年～1980年	

　腰と脚を包む部分が比較的ゆったりとした半ズボン型の女性用下着のことをズロースという。西洋で長くふくらんだスカートの下に履く下着をドロワーズというが、それがなまったのが語源だ。丈はパンティやショーツよりも長く、太ももまでのものからくるぶしまでと長さもいろいろ。全体的に幅広でゆったりしていて裾も締めつけずにレースで飾っているものが多い。

　現在もズロースは販売されているが、好んで着用しているのは昭和初期に生まれた世代。実際、販売されているズロースの多くはシニア用だ。それゆえ見たことはあるけれど、履いたことはないという女性も多いはず。その後、女性用下着はパンティ、ショーツを経て、Ｔバックが誕生した。布面積は少なくなり、身体にフィットするタイプがシェアを占めるようになっていく。

　一方、男性用下着といえばステテコだった。裾の丈がひざ下であるズボン下である。明治初期の吉原で「捨ててっこ捨ててっこ」と言いながら踊っていた落語家の初代・三遊亭圓遊が履いていたことから、この名がついた。そういえば、バカボンのパパや、映画『男はつらいよ』シリーズの寅さんがステテコ姿だった。なお、ステテコも近年になっておしゃれな部屋着として復活している。夏は涼しく着心地がよいのもあり、愛用者は多い。

頭全体やおでこに巻いた
バンダナ

誕生年	絶滅度
昭和時代前半	C
流行年	
1980年代	

　タレントの片岡鶴太郎が、バラエティ番組『オレたちひょうきん族』で披露した、アイドルである近藤真彦こと"マッチ"のモノマネがウケて、「バンダナを巻いたシンデレラボーイ」と呼ばれ、人気者になったのが1981年のことだ。

　また、男性アイドルグループ・光GENJIが初期のころ、ローラースケートを履き、バンダナを巻いた姿で歌っていた。世良公則、長渕剛などロックミュージシャンでも愛用している人が多かった。

　頭全体に巻きつける使い方が最も人気だったが、ねじっておでこに巻くアレンジも流行っており、当時のアニメキャラでも反映され、『超獣機神ダンクーガ』の司馬亮や『らんま1/2』の響良牙はおでこに巻いていた。

　そもそもバンダナとは、絞り染めや更紗模様で染めた木綿でできた、約40cm四方の大きな布のこと。バンダナを一枚ちょっと首に巻くだけでも、ファッションの雰囲気ががらりと変わる。しかも、値段はリーズナブルなので、気軽におしゃれを楽しめるということで今なお人気がある。コロナ禍で一時期マスクが品薄になった際には、バンダナをマスク代わりにしている人も多かった。いつの時代も何かと使えるアイテムといえそうだ。

都合のよい男性の代名詞である

さまざまな〇〇君

誕生年
1972年

流行年
1980年代～2000年代

絶滅度
C

　バブル期には「〇〇君」と呼ばれる男性が数多く登場した。

　まずはアッシー君だ。女性が移動する際、自家用車で送り迎えをしてくれる男性のこと。とくに恋愛感情がなくても電話1本ですぐに飛んできて足代わりを務めてくれることから、そう呼ばれていた。このころ、モテる女性にとっては本命以外の男性をはべらすのがステータスだったのである。

　アッシー君とほぼ同じ感覚で、同様の扱いを受けていたのがメッシー君である。暇なときに食事につき合ってくれて、しかもおごってくれるので、この名がついた。キープ君は本命の彼氏とうまくいかなくなったときのための備え的な存在で、必要なときだけ呼び出す男性のことである。

　そのほか、ほしいものを買ってくれるのがミツグ君、ツナグ君はテレビやビデオデッキなど複雑な配線をつないでほしいときにやってきて手際よくやってくれる男性のことだった。

　こうした都合のよい男性を指した言葉に対して、正式な彼氏は本命君と呼ばれていた。しかし、これらの言葉もバブル崩壊とともに使われなくなった。〇〇君たちが自分たちは本命になり得ないことを悟ったことや、バブル崩壊で女性の恋愛に対する考え方や、生活スタイルが堅実になったからだろう。

家事手伝い

その実態はニートだった？

誕生年	絶滅度
1972年	C
流行年	
1980年代〜2000年代	

　1955年ごろ、家事手伝いといえば、将来、夫となる人の家に嫁ぐにあたって教養と家事を習得するため、就職せずに親元で暮らす上流階級のお嬢様が多かった。それはバブルのころまで続き、短大や大学を卒業すると、花嫁修業と称して華道や茶道を習いながら過ごし、それなりの時期が来たら結婚するつもりという女性は、家事手伝いと名乗っていた。通称「カジテツ」だ。本当に家事を手伝っていたかは人それぞれだろう。

　しかし、90年代に入ると同時に女性の社会進出が進み、共働き家庭の拡大で、結婚しても優雅に専業主婦として過ごせる人はごくわずかになっていく。それにともない、家事手伝いや花嫁修業中のイメージもすっかり変わった。

　一方、就労可能な年齢なのに無職のままでいる男性はプー太郎と呼んだ。1950年ごろに生まれた言葉で、当時は日雇い仕事をしている人を「風太郎（プー太郎）」と呼んでいたが、フリーターという言葉が出始めた90年ごろから、プー太郎は「仕事もせずブラブラしている」という意味に置きかわり、無職の人を指すようになる。なお、フリーターは正社員ではないけれど、アルバイトなどで収入を得ている15〜34歳ぐらいの人のこと。職に就く気がない無職の人は99年ごろからニートと呼ばれている。

使うと昭和の雰囲気が漂う

アベック

誕生年	絶滅度
大正時代末期	
流行年	**A**
1960年代～1980年代	

　アベックは、フランス語で「一緒に」を意味する avec が語源になっている。日本では「男女の２人連れ」、もしくは「恋愛関係にあると思われる男女」を指す言葉として使われてきた。

　大正時代末期に和製フランス語として入ってきた言葉だが、よく使われたのは時を経た1960年代から80年代にかけてだ。しかし、バブル崩壊前後からアベックに代わって、英語の couple を語源とする「カップル」が使われるようになる。

　アベックもカップルも似た意味だが、カップルには夫婦という意味も含まれる。違いといえば、アベックは使われなくなり、カップルは今でも使われているということだろうか。そのせいか、「あそこのアベックが～」と言っただけで昭和感が漂う一方、語源がフランス語だからか、ロマンもちょっと感じさせる。

　今の時代、男女が手をつないで歩く姿はどこででも見かけるが、アベックという言葉が使われ始めた60年ごろは、男女が一緒にいるところを見かけることも少なかった。それゆえ、男女が並んで歩いているのを見ると、うらやましさもあり、「あそこのアベックが～」と冷やかしたそうだ。

服装までおそろいだった。

＝＝＝ トレンド ＝＝＝

華やかな業界限定だった

ヤンエグ

誕生年	絶滅度
1980年代	S
流行年	
1980年代後半〜90年代初め	

　ヤンエグとは、ヤング・エグゼクティブの略称だ。ヤングは若い、エグゼクティブは幹部、管理職を意味する。若い管理職、若い会社社長、青年実業家、起業家などだ。ヤンエグは20代後半から30代後半ということもあって独身が多かったゆえ、「ヤンエグとデートしたい」「結婚するならヤンエグがいい！」といった具合に、女性にとってはあこがれの的だった。

　しかし実際は、「管理職のように羽振りのいい若者」を指している場合が多かった。本人が高収入というより、経費で自由に交際費が落とせる人たちであった。要は、会社のお金に糸目をつけず自由に使える裁量を持っていた若き有望株ということになる。外資系企業、商社、不動産、証券業界、そして広告代理店などに多かった。同じように若くして管理職に就いても、公務員や施工業者の現場監督などは、ヤンエグとは呼ばれなかったのである。

　バブル期に自他共に認めるヤンエグな人々は、ＤＣブランドのスーツに身を包み、腕時計、ネクタイ、財布、名刺入れまですべて高級ブランドだった。とくに、ヤンエグが使い放題だったのがタクシー券だ。終電など気にせず、飲み明かすことができたのも、タクシー券があったからである。その後、バブルがはじけると一切の特権を失い、とうとうヤンエグは消えていった。

23

1980年代の最先端の若者たち
新人類

誕生年	絶滅度
1983年	**B**
流行年	
1980年代	

　1980年代当時、「新世代」とか「若者」といった語句とほぼ同義に使われたのが新人類だ。1960年前後生まれの世代を総称して新人類世代とも呼ばれた。ざっくりといえば、テレビアニメやコンピュータゲームやパソコンにふれて育った最初の世代である。「おたく」という言葉をつくったライターの中森明夫、小説家の島田雅彦、漫画家の高橋留美子、アニメ監督の庵野秀明、精神科医の香山リカ、ミュージシャンの町田町蔵、などが新人類世代の文化人の代表格といえる。

　この語は、1985年に筑紫哲也が編集長を務めた雑誌『朝日ジャーナル』誌上で「新人類の旗手たち」という連載が始まってから普及した。正確には、83年には西武グループのパルコが発行する雑誌『アクロス』で使われていたが、広めたのは筑紫とされている。もともと「最近の若者は理解できん、まるで新人類だ」という年長者のぼやきを反映した語だったが、筑紫がこれを前向きな意味で使い、新人類を自認する人が増えたからだ。

　時は流れ、「就職氷河期世代」「ゆとり世代」など新たな世代の呼称が生まれたほか、「アラフォー」「アラカン（アラ還暦）」といった年齢を基準とした言い方が定着したため、新人類という語句が使われなくなったのかもしれない。

他校にまでケンカを売りにきた
ツッパリ

誕生年	絶滅度
1970年代後半	**A**
流行年	
1980年代前半	

　今は不良のことをヤンキーなどと呼ぶが、1970年代後半から80年代中盤にかけてはツッパリと呼んでいた。語源は、権威やルールに対して「突っ張る」ことからきている。

　ツッパリの典型的な外見はこうだ。男子は剃（そ）り込みやリーゼントにボンタン（86ページ）、女子はパーマに丈の短いセーラー服に丈の長いスカートが定番だった。そして、校内で頻繁に暴力事件を起こしていた。公立の中高では、校舎の窓ガラスがすべて割られたり、教師が殴られたり、授業中にバイクが校庭を走り回るなども日常茶飯事。下校時間になると、校門前にケンカを売りにきた他校のツッパリが待ち受けていて、「〇年生の〇〇を呼んでこい！」と無関係の学生に声をかける光景がよく見受けられた。

　80年代に入ると、『３年Ｂ組金八先生』第２シリーズ、『スクール☆ウォーズ』など、ツッパリを題材にしたテレビドラマが高視聴率を記録する。ツッパリをコンセプトにしたロックバンドの横浜銀蝿（ぎんばえ）や、その弟分の紅麗威甦（グリース）が人気を博した。

　そんなツッパリ文化も、バブル期に突入しつつあった1980年代中盤以降に衰退。それにともなって校内暴力は激減する。背景には、不良学生が学校を中退するようになった時代性の変化もあるのだろう。何だかんだ、ツッパリも学校には通っていたのだ。

ハードルが激高だった	誕生年	絶滅度
結婚相手の条件	1980年代	**B**
	流行年	
	1980年代後半〜90年代初め	

　1980年代後半から90年代初頭のバブル期、女性が結婚相手に求める条件は３高といわれていた。「高学歴」「高収入」「高身長」の男性こそ理想だったのである。高学歴とは東大・京大、私立なら早稲田・慶應・上智大卒、もしくは大学院卒で高収入は年収1000万円以上、高身長は180㎝ぐらいを指した。家付きカー付きババ抜きという言葉も流行した。家や車はあっても、姑はいらないという意味である。

　しかし、女性たちの価値観に変化が訪れる。バブルが崩壊して以降、景気低迷が続くと、３高は一切聞かなくなる。代わりに台頭したのが「３低」だ。低姿勢（威圧的ではなく女性を尊重する）、低依存（家事で女性に負担をかけず束縛もしない）、低リスク（安定した職業に就いている）の３つの「低」を示す言葉だ。結婚しても働き続けたい女性が増えたことで、家事や育児に積極的に協力してくれることが、結婚相手に求める条件となっていく。

　さらに2018年ごろになると「３平（平均的な収入、平凡な外見、平穏な性格）」の時代へ。「３生」という条件も出てきているそうだ。「生存力」「生活力」「生産力」のある男性が求められているらしい。生まれたときから不況しか知らない世代は堅実で、現実的な結婚を求めるようになっていたのである。

「24時間戦えますか」と言えた
無茶な働き方

誕生年	絶滅度
1980年	
流行年	A
1980年〜90年代半ば	

　現代では信じられないようなブラックな言葉が、1988年に発売された栄養ドリンクのＣＭで流れていた。「24時間戦えますか」──このフレーズは89年の新語・流行語大賞で流行語部門銅賞を受賞したほど話題になる。栄養ドリンクの「リゲイン」が発売された1980年代の終わりごろは、忙しく働くサラリーマンこそが花形だった。企業戦士は素晴らしいともてはやされ、「今日も徹夜で仕事したよ」と堂々と胸を張って言い合っていた。当時、こんなにも仕事に励むことができたのは、がんばればがんばっただけ、報酬が得られたからだ。

　ただ、「24時間戦えますか」というコピーは、必ずしも1日中休みなく働く企業戦士を指していたわけではなかった。仕事はもちろん大好きだが、ゴルフなど遊びにも力を入れ、しかも家庭も大事にするというスーパーサラリーマンをイメージしていたそうだ。

　ほぼ同時期には、終業時間が来ると元気になるサラリーマンを5時から男といった。こちらはタレントの高田純次が出演していた栄養ドリンク「グロンサン」のＣＭから生まれた言葉だ。タイプは異なるものの"疲れ知らず"という共通点があった。

　その後、バブル崩壊とともに「24時間戦えますか」も「5時から男」もたちまち死語になった。

多くの女性がまねをした
聖子ちゃんカット

誕生年	絶滅度
1980年	**B**
流行年	
1980年～80年代半ば	

　1980年代に一世を風靡したアイドルが松田聖子だった。デビュー以来、『青い珊瑚礁』『風立ちぬ』など、数々のヒット曲を生み出していく。そんな彼女が生み出したトレンドにぶりっこと聖子ちゃんカットがある。

　とくに聖子ちゃんカットは爆発的に流行した。多くの女性が前髪で眉をやや隠し、肩上5㎝から肩下3㎝ぐらいの長さのレイヤーカットの毛先をサイドは外向きにブロー、バックは内側にゆるくカールして街を歩いていたのである。彼女に続いてデビューした小泉今日子、松本伊代、堀ちえみ、早見優たち「花の82年組」の髪型も当初は聖子ちゃんカットだった。

街中のどこを見ても同じ髪型が。

　そんな中、81年末、翌年1月の発売を控えたシングル曲『赤いスイートピー』のイメージに合わせ、本人の発案でショートカットにしてしまう。すると、このショートカットをまねする女子も多く、花の82年組もこぞって、ショートカットにイメチェンしてしまった。

=== 美容・健康 ===

いるだけで威圧感を与えた

パンチパーマ

| 誕生年 | 1970年代半ば |
| 流行年 | 1985年〜 |

絶滅度 **B**

　今でもパンチパーマを見ると、その威圧感からドキッとしないだろうか。そのパンチパーマが誕生したのは1970年代半ば。福岡県北九州市にあったスーパーカット「ＮＡＧＡＮＵＭＡ」の店主によって考案された。黒人の髪型からヒントを得て、丸形アイロンを超極細に改良したパンチアイロンを使って、手首で約600回パーマをかけた。これ以上の髪型はないということで最初は「チャンピオンプレス」という名前だったが、パンチアイロンを使ったからなのか、それともパンチの効いた髪型だったからなのか、いつしかパンチパーマという名となる。

　パンチパーマで有名なのは、歌手の北島三郎、元プロ野球選手のパンチ佐藤などだが、1976年に『失恋レストラン』が大ヒットした歌手の清水健太郎の影響で若者の間で一気に流行した。80年代はその見た目の威圧感からか暴力団関係者が好んだことにより、パンチパーマ＝ヤクザのイメージが定着。それにともない、若者のパンチパーマ率は低下していった。

　サイドの髪をヘアワックスやポマードなどの整髪料で後ろへ流し、後頭部中央当たりで合わせ、前髪にボリュームを持たせたリーゼントも80年代に大流行。とくに横浜銀蠅（ぎんばえ）の影響でヤンキー、ツッパリといった不良の間で人気が高かった。

朝シャン

朝から気分は薬師丸ひろ子に

| 誕生年 | 昭和時代 |
| 流行年 | 1985年〜 |

絶滅度 **B**

　朝、シャンプーで髪を洗うことを朝シャンと呼ぶ。バブル全盛期の1985年、女子高生は朝食を抜いてもシャンプーするという調査結果をもとに、ホースが伸びるハンドシャワー付きのシャンプードレッサーがTOTOから発売された。翌年、資生堂から朝専用シャンプー「モーニングフレッシュ」が登場。タレントの斉藤由貴の『悲しみよこんにちは』がCMソングだった。

　さらに89年、ライオンが朝専用のリンスインシャンプー「ソフトインワン」を発売する。歌手の薬師丸ひろ子がCMでささやいた「ちゃん・リン・シャン」は大きな反響を呼んだ。山田邦子によるパロディも話題となった。ちなみに「ちゃん・リン・シャン」とは「ちゃんとリンスしてくれるシャンプー」という意味である。

　その後も、朝シャン用のシャンプーが次々発売されたが、いつしか朝シャンという言葉すら聞かなくなってしまった……なぜか。それは、朝シャンはむしろ頭皮や頭髪に悪く、薄毛やはげる原因になるとまことしやかにうわさされ始めたからだ。しかし実際は、朝シャンするからと夜に頭部を洗わなかったり、通勤・通学前にあわてて髪を洗ったりしたことで洗い残しやすすぎ残しがあり、頭皮や頭髪にダメージを与えてしまったのが原因だった。

─── 美容・健康 ───

飲料系健康ブームの走りだった
紅茶きのこ

誕生年	昭和時代	絶滅度
流行年	1975年〜	**B**

　紅茶きのこは東モンゴルの発祥で、紅茶の成分からつくられる発酵飲料である。紅茶の葉を高温のお湯でかき混ぜて、成分を抽出したものに砂糖を加え、さらに酵母などを加えて、1週間ほど発酵させたものだ。発酵した際の菌がキノコ状になるため、紅茶きのこと呼ばれるようになった。

　日本では1975年ごろ、健康食品として一大ブームとなった。その火つけ役になったのが、『紅茶キノコ健康法』という本だ。そうして自宅でつくられた紅茶キノコを、ご近所さんにおすそ分けするまで流行った。

　そのうち、紅茶きのこがガンに効くという効能がうたわれ始めたり、漢方薬としての効果を期待して飲む人の間で生理的な異常が見られたり、家で培養したものは酸性度が高くなりすぎて生命への安全性が問われるようになったりした。そこで、専門家が調査したところ、病原菌は見られなかったが、おすそ分け時の雑菌の混入に釘を刺されたこともあり、ブームは終息した。

　その後、紅茶きのこはアメリカへと渡り、「コンブチャ」と名前を変え、2012年ごろからブームが再燃する。マドンナやレディ・ガガなど、海外セレブも飲んでいるといううわさも相まって再び日本でもブームになったのである。

31

ぶら下がり健康器

部屋の片隅で洋服がけに？

誕生年	流行年	絶滅度
1970年代	1970年代	C

過去、健康器具を使った運動ブームは幾度となく訪れている。今から40年前の70年代後半に一大ブームとなったのがぶら下がり健康器だ。ぶら下がり健康器は通販の走りともなった。高さ2m超の鉄棒のような器具に両手でぶら下がるだけで背骨が伸び、腰痛予防になるといったうたい文句も相まって、多いときには1日に数万台も売れた。最近は見かけなくなったが、部屋の片隅にひっそりと置かれていて、洋服がけとして使われているかもしれない。

ほぼ同時期に流行ったスタイリーは、「私に電話してください」と外国人が言うCMで大ヒットした健康器具だ。折り畳みベッドのような形状で、それに横になってお腹を曲げたり背中を伸ばしたりをくり返し、腹筋と背筋を鍛えるというもの。ブルワーカーは、シリンダタイプの筋トレ器具である。こちらは少年漫画や芸能雑誌に掲載された広告で火がつき、がっちりボディーを目指す男性を中心に売れた。

そのほか、1970年代に大流行したものにフラフープエクササイズがある。腰を使ってフラフープを回すことで運動するというものだが、腸捻転などの健康被害をもたらすという根拠のない風評でブームは去った。

ケガをしたときに欠かせなかった
赤チン

誕生年	絶滅度
1939年	**S**
流行年	
1940年代～1970年代	

　子どものころ、転んだりしてケガをしたら赤チンを傷口に塗り、お腹を壊したら「正露丸」を服用するのがお決まりであり、この二つは、家庭や学校の保健室の常備薬だった。

　赤チンは正式にはマーキュロクロム液といい、殺菌作用のある水溶液である。同じように殺菌作用を目的に使われているヨードチンキ（ヨーチン）が茶色なのに対し、傷口に塗ると赤色になることから、そう呼ばれ親しまれていた。ヨードチンキにくらべて傷にしみなかったことも長きにわたって愛された理由だ。日本薬局方に収められたのは1939年で最盛期は約100社の薬品メーカーが製造していたという。

　ところが水銀による公害が問題となった1960年代以降、製造過程で水銀の廃液を発生することから敬遠され、73年には原料の国内生産が中止となる。それでも一部の企業は原料を輸入し、製造販売を続けていく。薬局や保健室で見かける機会は激減したものの、年配者を中心に多くの愛用者がいたのである。

　しかし、とうとう幕を下ろすときがきた。日本で唯一のメーカーになっていた三栄製薬が2020年末をもって生産を中止したのである。その背景には原料の問題もあるが、ケガを治すことへの常識が変わったことも大きい。

スイーツブーム

タピオカは何度も流行していた

誕生年	絶滅度
？	**C**
流行年	
1980年代〜2020年代	

　今でも定期的にスイーツブームはやってくるが、その先陣を切ったのは、おそらく1990年代に流行ったティラミスだろう。生クリームを加えてクリームチーズとコーヒー、リキュールを染みこませたスポンジケーキを重ねたスイーツである。1986年に創刊の雑誌『Ｈａｎａｋｏ』が90年４月12日号で「ティラミス」特集を掲載したのを機にブームが起こった。

　その後、91年にはクリーム・ブリュレ、92年にはタピオカブーム、93年にはナタデココが爆発的に大ヒット。そして94年にはパンナ・コッタ、95年にはカヌレ、97年にはベルギーワッフルがにわかにブームとなる。

　最近だと2019年の大タピオカブームだが、じつはこれは三度目。1992年の次に再びタピオカが注目されたのが、2008年の第二次タピオカブームであり、その後が19年だ。原宿周辺を皮切りに、全国でタピオカ店が増え続けたことは記憶に新しい。

　ちなみに絶滅したと思っていたナタデココだが、じつはフジッコが今なお製造を続けている。ヨーグルトやゼリーの具材として地道に、そして堅実に生き延びているのだ。

　こうしてみると、イタリアやフランスなどヨーロッパ系スイーツとアジア系甘味のブームが交互に巻き起こっていることがわかる。

CMがインパクト大だった
なつかしのお菓子

誕生年	絶滅度
？	**C**
流行年	
1980年代〜2020年	

　子どものころ、よく食べたのに最近見かけなくなったお菓子はないだろうか。たとえば、明治製菓（現・明治）から1976年に発売されたポポロンもその一つだ。シュークリームの形をしたお菓子で「ポポロンロンロン、ポポロンロン♪」というCMソングで人気を博したが、2015年に生産終了となった。

　エアインチョコの走りともいえるロッテの「霧の浮舟」は、口の中でスッと溶ける感覚で根強いファンがいたものの2018年に生産終了。森永製菓が1975年に発売したチョコレート菓子「カリンチョ」も、ムキムキマンが登場するCMで話題になり、大変な人気だったが、2015年に生産終了となっている。

　一方、しっかり生き抜いている商品もある。「サイコロキャラメル」は明治製菓が1927年に発売を開始し、超ロングセラー商品として愛され続けてきた。それを2016年、北海道の道南食品が引き継ぎ、現在は北海道限定商品として発売している。

　また、1985年にロッテから発売された「ビックリマンチョコ」はおまけのシールが小学生の間で大流行し、毎月の販売数が1300万個に上るほど大ヒットした。今はかつてとは異なるパッケージとなっているが人気を誇っている。そのほか、「ハイチュウ」「アポロチョコ」なども姿形は違えど、今も販売されている。

地酒ブームを巻き起こした

二級酒

誕生年	絶滅度
1940年	S
流行年	
1940年代後半～1992年	

日本酒には「特級酒」「一級酒」、そして二級酒という級別制度があった。1940年、水増しされるなど粗悪な品質のお酒が出回るのを懸念した政府が、アルコール度数と酒質で分類体系を設けたのだ。

級別審査では利き酒による検査が実施された。酒の色、香り、味をチェックし、特級酒、一級酒の合否が判定される。審査は減点法で、少しでも色があったり、香りや味に欠点があると、不合格とされ、二級酒となった。どんなに香味のバランスがよくても、色味がよくないだけで不合格となり、おいしくても香りや味にクセがあると二級酒とされたのだ。それにより、特級酒や一級酒はどれも無色透明、味や香りも均一的になってしまった。

そこで、みずからの酒に自信があるにもかかわらず、二級酒あつかいされることを嫌った蔵元が、級別審査を受けずに出荷し始める。表向きは二級酒でも、個性的な味わいをアピールして売り出したのだ。それによって特級酒、一級酒の均一的な味に飽きてきた消費者が二級酒に注目するようになり、とりわけ地方への関心も高まっていた時期と重なり、一大地酒ブームとなっていく。

なお、級別制度は1992年に完全撤廃となり、90年から始まった特定名称酒制度に移行し、今なお続いている。

飲んだあと踏んで遊んだ
三角パック

誕生年	絶滅度
1952年	
流行年	S
1950年代~80年代前半	

　日本では三角パックと親しまれた飲料に「テトラパック」がある。三角の形をした四面体のパックは、スウェーデンの企業テトラパック社が1952年に開発したもので、正式には「テトラ・クラシック」という。1枚の長い紙でムダなく製造できることから、世界中で使われるようになった。日本では56年に紹介され、本格的に普及するきっかけになったのは64年開催の東京オリンピックの選手村で提供されたことだった。その後、全国に広まり、給食では三角パック牛乳が定番の地域もあった。飲み終えたあと、男子が足で踏んでよく遊んでいたものだ。

　ところが、その形状には大きな欠点があった。積み上げるのが難しく、搬送には六角形の専用ケースが必要だったのだ。輸送効率の悪さがネックとなり、1980年ごろには、現在よく見かける四角い形状のブリックタイプの牛乳に取って代わられ、三角パックの牛乳は給食から姿を消した。やがて三角パックの飲料は2004年ごろに完全に製造中止に。14年にアルミ入りの常温保存できる新容器として復刻したものの現在は流通していない。

　ただ、北海道のべつかい乳業興社と北海道酪農公社は今なおポリエチレン製の三角パックの牛乳を製造。ネットで購入できる。また、三角パックのデザインは今も豆菓子などに使われている。

応接間

ほかの部屋とくらべ浮いていた

誕生年	絶滅度
1890年代	B
流行年	
1960年代～1980年代	

　かつての来客を通す部屋として客間があった。日本家屋の客間には床の間があり、畳をつめた座敷になっているのが普通だった。それが、1955年から60年あたりから、応接間という洋室を設ける家が増えていく。戸建てのお宅を訪問すると、玄関脇の応接間に通されたものだ。

　農家の古い建物でさえも、土壁をベニヤ板で覆い、畳を板敷きにして洋室風にしつらえ、応接家具や応接セットを置いて応接間としたりしていた。ほかの部屋とのギャップが激しかった。

　応接間の広さは6畳から10畳ほど。3人掛けのソファと1人掛けのソファが2脚あり、テーブルには来客用のたばこケースとライターかマッチ、そして「火曜サスペンス劇場」で何度も凶器として使われたであろう重量感のあるガラスの灰皿が置かれていた。壁には見た目は高価そうな絵が掛けられていた。熱帯魚の水槽や観葉植物で落ち着いた雰囲気を演出する家もあった。

　じつは、応接間を設けた家は1890年代の東京にはすでに存在し、昭和の初めにはすでに各地で見受けられた。ステンドグラスがはめこまれた窓や西洋の家具、食器など昭和モダンを感じさせるものが飾られていた。このころから、応接間は裕福な家庭の象徴だったことがうかがえる。

本来の使われ方をされなかった百科事典

応接間に入って、まず目につくのは一見すると豪華そうなシャンデリアと大きな傘の電気スタンド、全20巻以上ありそうな分厚い百科事典だ。事典は応接間の西洋感を演出するのに必須アイテムだった。百科事典の訪問販売が当時はよくあり、断りきれずに買ってしまい、お

使われない百科事典と、見た目は高級そうな洋酒が棚に収められていた。

あつらえむきの置き場が応接間だったという。いずれにしても、何年も開かれない置き物と化していた場合が多い。

大きなステレオを応接間に置いている家も多かった。40年代になるとセパレートタイプのものが登場し、大きなスピーカーを置いてそこを音楽鑑賞部屋としている家も増える。さらにサイドボードには高級そうなグラスや陶器、洋酒、人形などが並べられ、訪問客との会話のネタになったりもした。子どもにとっては、特別感があり、中に入るのがためらわれたりしたものだ。

しかし、生活スタイルは変化していく。茶の間がリビングという言葉に置きかわり、来客はリビングで対応できるようになり、応接間の必要性は失われていった。こうして、応接間が家から消えるのに合わせて、応接間という言葉も使われなくなっていったのである。

おいしく食べるのに必要だった
いちご用スプーン

誕生年	絶滅度
1960年代	**B**
流行年	
1960年代～1980年代	

　かつてどこの家庭にもあったいちご用スプーン。スプーンのヘッドの底の部分が平らになっていて、そこにブツブツといちごの種のような形の突起がついたスプーンである。昔のいちごは酸っぱいものが多かったこともあり、そのスプーンでいちごをつぶして、牛乳と砂糖をかけて食べるのが一般的だった。

　いちご用スプーンが開発されたのは1960年のこと。洋食器の産地で有名な新潟県燕市に本社を置く小林工業では、当時、いちごをつぶせるスプーンの開発にはげんでいた。そうして彫金師との話し合いの末、いちごの種の模様を施していちご用スプーンが誕生した。1968年にはグッドデザイン賞を、84年にはロングライフデザイン賞を受賞し、大ヒットロングセラー商品となったのである。

　しかし、いちご用スプーンはいつしか姿を消していく。品種改良によって、いちごの甘みが増し、牛乳や砂糖の力を借りずとも、十分おいしく食べることができ、つぶす必要がなくなったのだ。

　それが2000年に入ってからは、逆に「つぶしやすい」という利便性に注目が集まり、いちご以外の果物やゆで野菜をつぶすなど、さまざまな用途で使われるようになった。とくに離乳食や介護食づくりで重宝がられている。

呼称だけは変わらない
粉末の歯磨き剤

誕生年	絶滅度
江戸時代	A
流行年	
?	

　毎日使っている歯磨き粉——大半の人がチューブに入ったペースト状のもの、もしくは液体状のものを使っているはずだ。にもかかわらず、歯磨き粉と「粉」の字がついている。なぜ粉なのかを知っているということは、粉の歯磨き剤を幼いころに使ったことがあるのだろう。

　日本で初めて歯磨き剤が商品化されたのは江戸時代である。それ以前は、塩を使って指で磨いていた。当時は、貝殻の粉末や塩を混ぜ合わせたタイプで、粉末の歯磨き剤だった。

　明治に入り、福原商店（現・資生堂）が練り歯磨き剤をつくったものの、チューブ入りではなかった。1896年に小林富次郎商店（現・ライオン）から粉末状の歯磨き剤が製造販売され、1910年にチューブ入りのペースト状のタイプが発売されるが、まだ袋入りの粉歯磨き剤が主流だった。昭和に入ると、チューブ入りのペースト状のタイプが主流になったにもかかわらず"歯磨き粉"という呼称は今なお使われているのだ。

　2020年度の歯磨き剤の出荷構成比はペースト状が72.6％、液体と洗口液を合わせて27.2％で、粉末の歯磨き粉はそのほかと合わせてわずか0.2％のみ。それでもまったくなくなったわけではなく、一部のメーカーのみ生産を続けている。

近くだと暑く遠いと寒かった
だるまストーブ

誕生年	絶滅度
明治時代	**S**
流行年	
1960年代～1970年代	

　駅の待合室や学校の教室にあっただるまストーブを、今ではすっかり見かけなくなった。寒い時期になると、日直当番の生徒は、いち早く登校し、石炭や薪を駆使してだるまストーブの火を起こし、午後の授業が終わるまでコークスを補給しながら、火を維持したものだ。

　だるまストーブの近くの席だと、顔が真っ赤になって頭がボーッとして、反対に離れた席だと寒くてふるえていた。

　また、ストーブの上にはアルマイトの大きなやかんを乗せて、給食の牛乳瓶を入れてお燗にして飲んだり、食パンを少し押しあててトーストにしたり、はたまた、昼食のときには先生が弁当箱を温めてくれた。

　そんなほのぼのとした思い出をつくってくれただるまストーブだが、ガスストーブや石油ストーブに置きかわっていき、1965年以降は、石油ストーブが学校の暖房施設のメインとなる。そして1997年に京都議定書が発行されると、全国の学校で教室のストーブは廃止となる。最近は温度調節が簡単にできるエアコン暖房を導入する学校が多い。

つねに人が周りにいた。

=== 日用品 ===

顔や髪にもくっついた
ハエ取り紙

誕生年 1912年	絶滅度
流行年 ～80年代	A

　粘着力の高い細長いテープを天井からつるしたハエの駆除用品をハエ取り紙という。家の中や、昔ながらのスーパー、はたまた学校の教室につるされているテープを見かけたことがあるかもしれない。

　そもそもハエは地面や床から1.5mから2mの高さのところをよく飛び回っている。の習性を意識した位置にハエ取り紙をつるすことになる。そうして、自分で設置したハエ取り紙の存在をうっかり忘れていて、髪の毛や顔にくっついてドキっとした経験がある人もいるかもしれないが、ご安心あれ。ハエ取り紙に塗られているのは粘着性のある成分のみで、殺虫剤などは一切使用していない。

　商品が登場した当初の1930年ごろ、ハエ取り紙をつくっていた岡山県倉敷市のカモ井加工紙では年間7000万本も生産されていた。ところが、衛生面の改善でハエを取るという需要が激減。現在もハエ取り紙を製造しているのは、カモ井加工紙と桐灰化学だけとなっている。両社のハエ取り紙は世界的にも人気があり、アメリカやオーストラリアなどに輸出されている。

　なお、カモ井加工紙は、長年培ってきた粘着技術を活用して製造したマスキングテープの会社として有名だ。

43

世界で使われるようになった 蚊帳	誕生年 江戸時代以前	絶滅度
	流行年 ～1980年代	B

かつて夏の風物詩だった蚊帳（かや）。田舎にある親戚の家に泊まりに行くと、蚊など小さな虫に刺されずに安心して眠れるよう、寝床を囲むように蚊帳を上からつり下げてくれたものだ。

蚊帳は麻・木綿製で1mm程度の織り目の網でできているので虫が侵入できなくなっている。大きさは寝室の広さに合わせて、部屋の四隅には長押（なげし）や鴨居（かもい）といった柱に曲がった釘を打って、蚊帳の吊りひもの先をつけた丸環をかけてつっていた。

蚊帳の歴史は古く、かのエジプト女王のクレオパトラが愛用していたという逸話があるほど。日本に伝来して当初は貴族が使っていたが、江戸時代には庶民まで普及したそうだ。昭和になっても戸建ての住宅では使われることが多かったが、昭和後期にアルミサッシの網戸が普及したことで需要は一気に減少していった。

しかし、じつは蚊帳は全世界で使用されている。とくに蚊が媒介するマラリア、デング熱、黄熱病などに対して蚊帳は、最も安価な防護策として注目されているのだ。

食事をハエなどから守るためのものとしてフードカバーがある。共働きの家庭では、家に帰ると「遅くなるので先に食べてください」という書き置きと、フードカバーをした夕食がテーブルに置かれていた。こちらは今も愛用している人は多い。

＝＝＝ 日用品 ＝＝＝

浴槽の隣にあった
ガス風呂釜

誕生年	絶滅度
1960年代	**B**
流行年	
1970年〜80年代前半	

　昭和の終わりごろまで風呂釜といえば、浴槽の隣にドカンと置かれ、直接お湯をわかすガス風呂釜だった。正式には「バランス釜」という。浴槽に上下二つの穴があり、連絡管でバランス釜とつながり、下の穴から入った水を風呂釜内のパイプを通じてガスの炎で温め、上の穴から浴槽にもどす、循環して湯をわかす仕組みだ。メリットは電池で着火するので停電時でも使える、湯が冷めても温め直せる点だ。湯船に湯を張らず、シャワーを使うこともできた。

　一方でバランス釜は、お湯をわかす力が低い、シャワーの水圧が弱い、お湯が冷めやすいといったデメリットがあった。

　そんな中、80年代後半から風呂の自動化が加速する。83年には戸建て住宅で給湯器付き風呂釜が全自動化され、翌年には集合住宅向けのコンパクトガス給湯器で、定量給湯で自動ストップ化機能がついた製品が登場する。つまり、何度も浴室へ足を運ばなくても風呂がわかせるようになったわけだ。

　住設備メーカーのノーリツによると、2021年現在、メロディーと共に「お風呂がわきました♪」と知らせる給湯器リモコンを設置しているのは、日本の全人口のうち3人に1人程度の割合とのことだ。

45

洗浄力と乾燥力で今なお人気の
二槽式洗濯機

誕生年	絶滅度
1960年	**C**
流行年	
1970年～80年代前半	

今、洗濯機といえば、縦型洗濯機かドラム式洗濯を思い浮かべる人が多いだろうが、少し前までは二槽式洗濯機が主流だった。

二槽式洗濯機は1960年、三洋電機（現・パナソニック）から発売された。縦型洗濯機やドラム式洗濯機は自動で洗濯からすすぎ、脱水まで行うが、二槽式は洗濯槽と脱水槽に分かれており、洗濯・すすぎが終わると、脱水槽に洗濯物を手で移しかえる手間がかかった。それでも、当時からすれば家事を軽減できたため、高度成長期に入ると、テレビ・冷蔵庫と並んで洗濯機も "三種の神器" といわれ、70年代には洗濯機の普及率が90％を超えた。

ところが、80年代前半をピークに二槽式洗濯機の販売量は減少していく。一槽で洗濯、すすぎ、脱水を行う全自動洗濯機が登場したからである。さらにドラム式も登場した。

じつは現在でも一般家庭の５％は二槽式洗濯機を使用しているという調査結果がある。というのも、二槽式にはいくつかメリットがあるからだ。一つは洗浄力が高いこと。二槽式は全自動にくらべて洗濯槽は小さいが、その分、洗剤をしっかり泡立てて汚れを落としてくれるのだ。脱水機能も優れているため、洗濯物の乾きも早い。その一方で、作動音が大きい、大きなサイズのものは洗えないなどといったデメリットもある。

━━━ 日用品 ━━━

今はインテリアとして需要大
足踏み式ミシン

| 誕生年 | 1850年代 |
| 流行年 | 1970年～80年代前半 |

絶滅度 **B**

　昔はどこの家庭にも足踏み式ミシンがあった。学校へ持っていかなければならない雑巾を、カタカタカタと音を立てながら母親が雑巾を縫ってくれた光景が目に浮かぶかもしれない。

　足踏み式ミシンとは、足元に踏み板（ペダル）があり、それを足で上下させてミシン針を動かし、縫うことができるという人力のミシンだ。1960年代までは足踏み式ミシンが主流だった。足を動かすスピードをアップし、踏み板の上下回数を増やせば、おのずと針の上下運動も早まり、縫う速度を高めることができた。

　ただ、そんな具合に思い通りに動かせるようになるまで、時間がかかることもあってか、いつからか足踏み式ミシンを使う人は減った。代わりに人気となったのが電動ミシンだ。文字どおり電動モーターで動き、複雑な機能がなく使いやすかった。さらに、電動ミシンに電子回路を搭載した電子ミシンが登場。電子回路がモーターのスピードとパワーを制御してくれるので高精度な縫い上がりが可能になった。

　なお、足踏み式ミシンにはつくられた時代の雰囲気を感じさせるレトロ・アンティークな風情がある。そのため、インテリアとして購入する人も多い。また、電気不要ということもあり、電力供給のない発展途上国では今も使われている。

部屋に鳴り響く音が懐かしい
ダイヤル式の黒電話

誕生年	**1933年**
流行年	**1960年代～1970年代**

絶滅度
S

「明日は卒業式だから、君にダイヤル回したよ♪」「ダイヤル、回して手をとめた♪」と歌われたころ、使われていたのは、おそらくダイヤル式の黒電話だろう。

　電話番号に合わせて、数字の書かれた穴に指を入れ、「0」の隣にあるストッパーまで右に回すダイヤル式の黒電話。初めてつくられたのは1933年で、一般家庭に普及したのは1960年代から70年代だ。電話がかかってくるとリリーン、リリーンとけたたましい音が鳴り響き、家のどこにいても聞こえた。音量調節や音色の変更ができず我慢するほかなかったのだが……。

　そのうち、データ通信という新たな通信分野が生まれたことで、通話以外の機能を兼ね備えたプッシュホンスタイルの電話機が69年に誕生し、短縮ダイヤルなどが可能に。71年からグリーンやウオームグレー、アイボリー色の電話機が登場する。さらに85年以降、留守番電話機能を備えた電話機なども出てきた。

　そして21世紀に入ると電話機は一気にコードレスホン化が進み、ダイヤル式の黒電話は見なくなった。

電話が占拠されることも。

=== 日用品 ===

ところ構わず何にでも装着した
布製カバー

誕生年	絶滅度
1933年	B
流行年	
1960年代〜1970年代	

　ダイヤル式の黒電話に布製カバーがかけられていた記憶はないだろうか。昭和のころはどこの家庭でも、やたらとものに布製カバーをつけていた。しかも、レース、リボン、花柄など妙にファンシーで乙女チックな柄が多かった。それだけでなく、電話専用に布でつくったクッションを敷いていた。

　黒電話だけでなく、ドアノブもしかり。布だけなくレース編みをしたもの、毛糸で編んだカバーがドアノブをすっぽり包み込むようにつけられ、かえって手がすべり、心なしか開けづらかった。こたつやソファにもパッチワークでつくったカバーや、毛糸のモチーフをつなぎ合せたカバーがかかっていた。

　主にレースカバーが使われていたのはテレビやピアノ、ステレオ、テーブルなどだ。これらは飾りというだけでなく、ほこりを防ぐといった機能も兼ね備えていたのだろう。そういえば、車のシートにもカバーがつけられていたし、炊飯器やトースター、ミシンにもカバーをかけている家庭もあった。

　なぜ、これほどまでに昭和の家庭の至るところに布製カバーが装着されていたのか。おそらくものを大切にする気持ちの表れだったのではないだろうか。今も自宅のパソコンなどに布製カバーがかけられているとホッとするのもそのせいだ。

明暗が分かれてしまった
分厚い電話帳

誕生年	
1890年	絶滅度
流行年	**B**
1960年代～1990年代	

　かつてNTTの固定電話が設置された各戸に、分厚い電話帳『ハローページ』と『タウンページ』が配布されていた。個人と企業の電話番号を50音別で掲載しているのが『ハローページ』、職業別電話帳が『タウンページ』だ。ところがここにきて、この2冊の分厚い電話帳の明暗が分かれている。

　まず『ハローページ』だが、もとは電話が開通した1890年に発行された「電話加入者人名表」だ。それが1983年に『ハローページ』になり、発行部数は2005年度には約6500万部に上った。しかし、それをピークに20年度は約120万部にまで低下した。理由は、携帯電話の普及で電話帳を使う人が減ったこと、個人情報保護に対する意識から番号の掲載を避ける人が増えたからだ。そのため、NTT東日本・NTT西日本では『ハローページ』を2021年10月以降、地域ごとに発行を終了すると発表した。

　もう一方の『タウンページ』の発行数はピーク時の半分となったが、いまだ約3000万部に満たない程度の部数を誇っている。分厚さは当時とくらべて10分の1、表紙は黄色ではなく地域に合わせたデザインに変わっている。中には、介護の特集などが掲載され、付録として防災タウンページがあるなど、時代のニーズと役割を担いながら、姿を変えてたくましく生き残っている。

=== 制度・慣習 ===

週休2日制が定着する前は
半ドン

誕生年	絶滅度
1876年	A
流行年	
1960年代〜1990年代	

　土曜の午前中のみ出社して通常の業務、もしくは登校して授業をこなし、午後から休みになる制度がひと昔前まであった。それが土曜の半休、通称半ドンだ。週休2日制が定着する前は、この半ドンが一般的だった。子どものころ、午前中に授業を受け、午後に帰宅できる土曜日には特別感があった。

　政府が官庁の業務について日曜日を休日、土曜を半休と定めたのが1876年3月12日だ。それまでは「1」と「6」のつく日を休みとしていたが、日曜に礼拝のあるお雇い外国人にとってはそれが不都合だったため、欧米風の休日制度を導入したわけだ。

　一部の大企業は1960年代から「週休2日制」を導入していたが、88年に労働基準法32条にもとづいて法定労働時間が短縮改正されたのを受け、各事業者に週休2日制が定着したことで、土曜の半休も減っていった。92年度から公立の小中学校や高校で月1回の土曜休業が始まり、2002年度に学校教育法施行規則が改定され、完全週休2日となった。病医院の診察は今でも土曜は半ドンを採用している。

　なお半ドンの「ドン」の由来だが、明治時代、正午になると皇居で時報として空砲を撃っていたからとか、オランダ語の日曜や休日を意味する「ゾンタク」が「ドン」になったなど諸説ある。

意外と子どもはわくわくした
鉄道ストライキ

誕生年	絶滅度
19世紀？	
流行年	**A**
1970年代？	

　ストライキとは、労働者が賃金アップなどの待遇改善を雇用者に求め、その要求が受け入れられない場合、仕事を放棄する抗議活動のことだ。さまざまな業種でストライキは行われるが、一般市民に影響が大きいのは、公共機関の、とくに鉄道ストライキである。1980年代ごろまで、国鉄（現在のJR）や私鉄では、盛んにストライキが行われていた。

　ストライキによって鉄道が止まると、会社員の多くは勤め先に行くことが困難になり、バスやタクシーなど、代わりの交通手段を求めて右往左往することになる。たとえば、1978年4月25日の鉄道ストライキにより、プロ野球3試合が中止になるなど、その影響は社会のあらゆる面におよんだ。

　もっとも、当時学校に通っていた児童・生徒たちにとって、鉄道ストライキは、そんなに嫌なものではなかった。なぜなら、ストライキが始まると教師が学校に時間どおりに来られなくなるため、自習や休校になるケースが多かったからだ。前日のテレビなどで「明日はストに突入か!?」といったニュースが流れると、子どもたちは、どこかワクワクしたものである。

　そんな鉄道ストライキも、90年代に入ると労働運動や労働組合が衰退したため、急速に減っていった。

===== 制度・慣習 =====

さまざまな試練が待ち受けていた
昭和の新入社員

誕生年	絶滅度
昭和時代	**B**
流行年	
1980年代	

　いつの時代でも、新卒の新入社員にとって会社に通い始める4月はプレッシャーが大きいものだが、昭和の新入社員には、今となっては考えられないような試練が待ち受けていた。

　その試練の代表格が、歓迎会などの飲みの席だ。当時はにぎやかな飲みの場がどんなに苦手でも、新入社員にそれを断るという選択肢はなかった。体質的にアルコールが苦手でも、「飲めません」とは言えない空気も強かった。

　そして、飲みの席でお決まりだったのが、「とりあえずビール」である。最初の一杯は全員ビールにすることが半ば強制された。たしかに、いろいろな飲み物を注文するという手間と時間が省けて、いっぺんに運ばれてくるので乾杯のタイミングを取りやすい、というメリットもあった。だが、ビールが苦手な人からしたら、たまったものではなかった。

　さらに、新入社員には一気飲みや一発芸を披露することが、先輩社員から強制されるといったこともまかり通っていた。

　現在、一気飲みの強要は法律違反であり、そのほかの行為もパワハラになるため、ほとんど見ることはなくなった。一部、体育会系気質の会社などには、これらの風習が残っているところもあるかもしれない。

あのころはどうだった？ 経済編

　1970年代初頭の日本経済は、まだ高度成長が続いており、好景気にわいていた。だが、第四次中東戦争がきっかけとなり、73年に世界的に石油価格が高騰するオイルショックが起こると、高度成長は終わった。

　その後、しばらく日本経済では低成長が続いたが、86年ごろから土地や株式の投機熱が高まり、それらの価格が高騰。日本はバブル景気に突入していった。87年には日経平均株価が終値で初めて2万円を突破。安田火災がゴッホの名画『ひまわり』を53億円で落札したのも、この年のことだった。

　元号が昭和から平成へと切り替わった89年もまだバブル景気は続いており、その好景気を背景に日本で初めて消費税が導入される。当初の税率は3％だった……。また、この年の暮れには、日経平均株価が史上最高値である3万8915円を記録した。

　しかし、91年に入ると急速に投機熱は冷め、地価や株価が下落。これにより、バブル景気は終わりを迎え、日本経済は失速。以後、2010年代に入るまで経済の低迷は続き、「失われた20年」と呼ばれた。

Part.2

学校

今やったら裁判沙汰かもしれない	誕生年	絶滅度
チョーク投げ	?	**A**
	流行年	
	～1980年代	

　漫画やドラマでは、授業中に騒がしい生徒に対して、先生がチョークを投げつける、いわゆるチョーク投げといった場面が描かれている。これを実際にやったら体罰と認定されるだろう。外部に知られたら、教師は戒告か減給の処分を受けることになるし、生徒がけがをすれば、保護者から訴えられるかもしれない。

　1980年代末ぐらいまでは、今でいう体罰が日常茶飯事であった。1987年の調査では、中学校教員の約60％が「体罰を必要と感じる」という結果だった。そのため当時は、チョーク投げ以外にも、顔をビンタされる、足で尻を蹴られる、こめかみを拳でグリグリされる通称・梅干し、大きな三角定規で頭をたたかれるといった行為も、学校でよく見かけたものだ。

　だが、1990年代以降、子どもの権利に対する世界的な意識の高まりを受け、世間の目が厳しくなったことで、学校での体罰は減っていた。それでも、教師の戒告処分の理由として、今でも断トツに多いのは体罰だったりする。

　もっとも、体罰が昔からあったものかといえばそうではなく、戦前はほとんどなかったという証言もある。第二次世界大戦中に軍隊で体罰が横行するようになり、一説に、戦後、それが学校教育の現場に持ち込まれたともいう。

精神的に負担を与える行為も NG

　チョーク投げやビンタのほか
に、授業中に、廊下に立たせる
といった行為も、体罰と見なさ
れている。まず、教室から廊下
に出すこと自体が、生徒が授業
を受ける権利をさまたげている
ということになり、肉体的にも
苦痛を与えるという点でも NG
なのだ。

立たされたといっても、とくにすること
もなく、ただ暇だった。

　では、教室内で正座させたり、立たせるなら OK かといえば、
こちらも肉体的な苦痛があるうえ、多数の生徒の視線にさらされ
るということで精神的な苦痛も加わり、やはり NG ということに
なっている。

　そのほか、部活などでミスをした罰として校庭を数周走らせる
とか、腹筋や腕立て伏せをやらせるといったことも体罰と見なさ
れるようだ。当たり前のように、今でいう体罰を教師から受けて
いた世代からしたら、腑に落ちないかもしれない。

　さらに体罰への意識の変化だけでなく、教師の生徒に対する対
応も変化している。現在の学校では教師が生徒の名前を呼ぶとき
は呼び捨てではなく、男女ともさん付けすることが一般的になっ
ている。これは、生徒を個人として尊重するという意味ととも
に、LGBT の考え方が浸透してきたことも一因にある。

昔の常識は今では非常識に
士農工商

誕生年	絶滅度
?	**S**
流行年	
〜1980年代	

　時代の変化に合わせて教科書の記述が変化するのはよくあることだが、とくに歴史の教科書は研究が進んだこともあり、ここ30年ほどで大きく変化している。

　たとえば、30年以上前の歴史の教科書には、士農工商という言葉が必ず載っていた。これは、江戸時代の身分制度を表すもので、武士が一番偉く、次に農民、職人の順に偉く、商人の身分が一番低かったという意味だ。しかし、1990年代に入ると、「士」が支配階級として社会の頂点にいたのは確かだが、「農」「工」「商」の身分に上下関係はなかったことが歴史研究により明らかになり、士農工商という言葉は教科書に記載されなくなっていった。そして、2000年代になると、文部科学省検定済教科書から完全に、士農工商の記述は削除されたのである。

　あるいは、鎌倉幕府の成立は1192年で、その年号をイイクニ（1192）つくろう鎌倉幕府という語呂合わせで覚えた世代もいるだろう。だが、現在の歴史教科書で鎌倉幕府の成立は1185年とされており、イイハコ（1185）つくろう鎌倉幕府に変わっている。ほかにも、大和朝廷がヤマト政権やヤマト王権と、仁徳天皇陵が大仙陵古墳と記載されるなど、記述の変化がある。ただ、これらの記述も10年後の教科書では変化しているかもしれない。

=== 授業 ===

町の風物詩を奏でていた
リコーダーでチャルメラ

誕生年	
19世紀末？	絶滅度
流行年	**B**
1960年代？	

　ソプラノ・リコーダーは、1959年に小学３年生から音楽の授業で学ぶことが学習指導要領で定められたため、今も昔も小学生にとっては身近な楽器の一つだ。昭和の時代に小学生だった人で、課題曲はうまく吹けなかったが、下校しながらリコーダーで「タラリ～ララ、タラリララリ～」と、屋台のラーメン屋でおなじみのチャルメラを軽快に吹いていた人も少なくないだろう。

　そもそもチャルメラとは、木管楽器の名称で、安土桃山時代にポルトガルから日本に伝わったとされる歴史ある楽器だ。やがて明治時代になると、流しの屋台が客寄せのため、このチャルメラで音楽を奏でるようになり、いつしかチャルメラといえば、そのメロディそのものも指すようにもなった。当初はラーメン屋だけではなく、さまざまな物売りによって使われており、ラーメン屋のメロディというイメージが強くなったのは大正時代以降だ。以来、夕方になると、街中でよくチャルメラの音が響いていた。

　ただ、流しの屋台ラーメン屋はインスタントラーメンが普及し出した1960年代中盤以降に姿を消していき、町中でチャルメラを聴く機会も減っていった。その後もインスタントラーメンのCMなどでチャルメラは親しまれてきたものの、近年は、子どもたちがリコーダーでチャルメラを吹くことは減っているようだ。

本当は目によくなかった
プール後の洗眼

誕生年	絶滅度
?	
流行年	**S**
昭和時代	

　かつて学校のプールの授業が終わると、消毒用塩素を洗い流すため、水道水で目を洗っていた。その際、ほかでは見かけない蛇口が上を向いた洗眼用の水道蛇口を使っていた。これの水量調節が難しく、弱すぎると目に届かなかったり、一気に強くひねると急に水が吹き上がり目に当たって痛かったりしたものだ。そうして、友人らと蛇口を使っていろいろとふざけ合っていると、教師によくしかられた。

　しかし、現在は水道水で目を洗う行為は角膜を傷つける危険性があるという専門家からの指摘があったことで、水道水で目を洗わせないようにする学校が増えている。角膜は非常にデリケートな部位で、わずかでも傷がつくと、視力に影響が現れるからだ。

ほかにも、どのくらいの高さまで水が上がるかなど蛇口で遊んでいた。

　2008年に日本眼科医会が、「プールにはゴーグルの使用が望ましい。プール後の水道水による簡単な洗眼は行ってもよいが、推奨はしない」という提言をしたこともあり、水道水での洗眼ではなく、ゴーグル着用を義務づける学校が増えている。

また、授業のあと、目に違和感が残るようなら、目薬を使うことも推奨されている。そのため、今は水着と水泳キャップに加えて、ゴーグルと目薬がプールの授業では必須のセットとなっているのだ。

ムダだった腰洗い槽と危険な飛び込み

学校のプールから消えたものには腰洗い槽もある。これは、腰までつかる消毒槽で、以前はプールの授業前、必ず数十秒間つかることを強制されていた。

もともと、昔のプールには雑菌が多く、学校でプール熱（咽頭結膜熱）と呼ばれる病気が蔓延したため、1950年代から腰洗い槽が普及するようになった。ところが、腰洗い槽の塩素濃度は最大でプールの250倍もあり、人体に悪影響があるのに殺菌効果はシャワーを浴びるのと変わらないことが1990年代に明らかになった。つまり、プール熱の予防効果がないにもかかわらず、健康にマイナスな面だけあることがわかったのだ。そこで現在では、95％以上の学校のプールに水を浄化するろ過装置が取りつけられ、腰洗い槽は撤廃されている。

それから、プールの授業での大きな変化としては、飛び込みが規制されるようになったことも挙げられる。飛び込みによってプールの底に衝突し、重大な障害が残ったり、亡くなったりする事故が起こったため、小学校は2011年に、中学校は12年に禁止。高校も17年の学習指導要領改訂案で1年生は原則禁止となった。

トラウマになった生徒もいた
授業で解剖

誕生年	絶滅度
1900年代	
流行年	**A**
1950〜70年代	

　生物の体内構造を知るため、明治時代の後期から、理科の授業で解剖が行われるようになった。使われる生き物はカエルのほか、魚のコイ、フナ、メダカ、イカ、二枚貝など多様だ。

　中学校の理科室では、麻酔薬、注射器、メス、ピンセット、ルーペが箱に入った解剖セットが常備されていた。地方ではすぐ近所の水田や小川にカエルや小魚がいるので、先生が生徒に解剖に使う生物の捕獲を命じる例も多かった。

　授業の体験者には、さばいたあとのコイやフナなどを焼いて食べることもあったという。とはいえ、生き物を殺して、内臓やその内容物（胃に虫が入っていることもあった）を見るので、気分が悪くなり、給食がのどを通らなくなった生徒もいた。保護者やPTAからの批判もあり、1980年の中ごろ以降は、実際に解剖を行わず、生物の内臓模型を使うケースが増えていった。

　似たような事情で1980年代中ごろから見かけなくなったのが、市販の昆虫採集セットだ。捕まえた昆虫を殺す毒薬と防腐剤、それらを注入する小型の注射器が入った商品で、これを使って夏休みの自由研究に昆虫の標本を自作した人は少なくない。だが、子どもが誤って注射針でケガをする事件などが発生したことからPTAに問題視され、昔ほど見る機会は少なくなった。

部活中の給水禁止

脱水症状を起こす人が続出した

誕生年	流行年	絶滅度
1870年代	1970年代	S

　パワハラという言葉がなかった昭和時代の中学・高校・大学の運動部には、理不尽な習慣や体罰が多かった。代表例が練習中に水を飲んではいけないというルールだ。

「なるべく水を飲まない」という慣習は戦前の旧陸海軍にもあったが、これは実際に飲用水の入手が困難だったからだ。ところが、かつての運動部では「水を飲むと早くバテる」「筋肉を冷やすからよくない」と語る教師や先輩がよくいた。ただ、口に水をふくんですぐはき出すうがいが黙認され、あまりののどの渇きから雨天時に雨水を口にする人もいたほどだ。

　1980年代には大手飲料メーカー各社がスポーツドリンクを発売し、医学的な裏づけによる運動中の水分補給の重要性が知られるようになる。1990年代後半には、箱根駅伝でも選手の給水が自由になった。もっとも、いつまで水飲み禁止ルールがあったかは、地域や指導教師によってばらつきが大きいようだ

　同じく運動部の習慣ですたれたのがうさぎ跳びだ。足腰を鍛える手段とされ、ヘマをした部員の懲罰にも使われた。だが、現在はひざや股関節の筋肉を痛めやすい非効率な運動とされている。また、野球部や柔道部以外も丸刈りの強制という学校が多かったが、現在は部員の自主性が尊重され、かなり減った。

男子が一気飲みしていた
ビン牛乳

誕生年	絶滅度
1950年代？	**B**
流行年	
～1980年代	

　昭和時代の小学校の給食時間、たいていの男子は、片手を腰にあてて、ビン入りの牛乳ことビン牛乳を一気飲みしていた。

　そもそも、給食でビン牛乳が普及するようになったのは1950年代後半ぐらいから。その後、長らくビン牛乳だったが、1980年代に入ると紙パックに置き変わっていった。理由は、紙のほうが軽いため、輸送が楽なことやコストが安いためとされている。

　給食だけでなく、世の中全体からビン牛乳は姿を消しつつある。2020年には、小岩井乳業が需要の低下などからビン牛乳の製造・販売を終了し、すべてを紙パックに置き変えると発表した。今後は、ビン入りの飲料がよく置かれている銭湯などでも、一気飲みする光景は見られなくなっていくのだろう。

笑わせてくれる同級生がいて、後始末がたいへんだった。

　ちなみに、給食に牛乳が出るのは学校給食法施行規則で定められているからだ。この規則によれば、「パンまたは米飯、ミルクおよびおかずである給食」が正式な給食ということになっている。

　先割れスプーンも給食で見なくなった。先端がフォーク状の先割

れスプーンは、「突き刺して食べる」「すくって食べる」という使い方ができるという利便性により、1950年代ごろから学校給食で使われるにようになった。しかし、「箸の使い方を学べない」という批判が強まり、ほぼ姿を消してしまった。

なつかしい給食のメニューたち

なつかしい給食のメニューとして必ず名前が挙がるのはソフトめんだろう。うどんとスパゲッティの中間のような少し不思議なこのめんは、1960年代後半から給食に登場するようになり、基本的にはミートソースなどをかけて食べられていた。だが、1976年から給食にお米のご飯が出るようになったことで見かけなくなる。長時間の蒸気殺菌が必要など、手間のかかったことも消えた理由だという。

油で揚げたパンに砂糖やきなこがまぶしてある揚げパンも、懐かしむ人が多い。これは、1950年代にコッペパンに代わって給食に登場したもので、どちらかといえば、おやつ感覚であったことから、揚げパンが出る日は子どもたちが奪い合ったものだ。ただ、こちらも米飯給食が増えたことや、カロリーが高すぎるといった理由からやはり姿を消した。

今の子どもたちが昔の給食メニューの中で一番信じられないのはくじら肉かもしれない。くじら肉は、1950年代から竜田揚げや南蛮漬けの形で給食に頻繁に出されていた。しかし、1987年に南極海での商業捕鯨が中止されたことで、くじら肉そのものが市場から激減し、給食に出されることはなくなった。

校内清掃のトラブル

人手は多いが面倒も多かった

誕生年	流行年	絶滅度
1870年代	1950～1980年代	B

　生徒みずから学校を掃除する習慣は、欧米ではほとんどないが、日本では明治時代から指導の一環として続けられてきた。ただし、やり方の細部は時代とともに変化している。

　一例が黒板消しをきれいにする作業だ。1980年代に真空掃除機のような音を立てる黒板消しクリーナーが普及するまで、黒板消し同士を叩いてチョークの粉を落としていた。その際、煙のように舞い散る粉が教室に漂わないよう、窓から身を乗り出してたたいていたところ下に落としてしまい、取りに行くこともあった。廊下では男子生徒がぞうきん掛けで競争したり、ほうきを使って野球やゴルフのまねをしたりして、先生によく怒られていた。

　最大の変化は、集めたゴミの処分法である。昭和の時代、教室にゴミ箱は一つしないことが多かったが、現在は可燃ゴミ用と不燃ゴミ用があるのが一般的だ。

　かつて可燃ゴミは校内の焼却炉で燃やしており、鉄製の火かき棒を振り回して遊んでいて火傷してしまう生徒もいた。そんな中、ゴミを燃やすと有毒なダイオキシン類が発生することが問題視され、2000年代に入ると学校の焼却炉は次々と撤去された。今では学校のゴミも家庭のものと同じく、分別して業者が回収するようになっている。

母親が来て兄は来なかった

父兄参観

誕生年	絶滅度
?	**B**
流行年	
?	

　保護者に子どもたちの成長を感じてもらい、学校教育にも関心を持ってもらうこと。そして、担任教師と保護者との信頼関係を深めるため、保護者を学校に招いて授業を観てもらう学校行事はかつて父兄参観と呼ばれていた。しかし、差別用語として今は使われなくなった。父兄という言葉を使っていたのは、戦前の日本の男尊意識が強かったことの名残である。

　時代は移り、多様化する家庭環境にも配慮して、今は保護者が一般的になり、保護者参観というようになった。それに合わせて「父母会」も「保護者会」になっている。ただし、呼称だけでなく、その内容も様変わりしている。従来どおり、日時を決めて実施するところもあれば、多様化する家庭のあり方を考慮し、保護者参観週間を設けて、その期間中にいつでも来校してもらい、授業を見学できるようにしている学校もあるという。

　また、子どものころは家庭訪問がふつうにあったが、最近は実施しない学校が増えている。共働きの家庭が増えて、指定された時間の在宅が困難になってきたからだ。それに、プライバシーの関係で自宅に立ち入ってほしくないという事情もある。そのため、家に上がらず、玄関先で10分程度話して終わり、もしくは家の場所を確認するだけでピンポンもしないケースもある。

ドキドキしながら待っていた
電話の連絡網

誕生年	絶滅度
昭和時代	**A**
流行年	
1960〜1990年代	

　学校の連絡手段として、昔は電話の連絡網が活用されていた。災害時における一斉休校など緊急連絡をしなければならない場合、どの順番で、誰が誰に連絡をすればよいのか決められており、名簿として、もしくはフローチャートにして一つの用紙にまとめられていたのである。当然、用紙にはクラス全員の電話番号が記載されていた。遠足や運動会の前日、微妙な天気で実施されるか、されないか連絡を待ってハラハラドキドキしたものだった。

　しかし、最近では一部の学校を除き、電話での連絡網は廃止されている。理由として一番に挙げられるのは個人情報の保護のため。学校関係者以外の手に不正にわたって悪用されるのをおそれてのことだ。もう一つの理由としては伝言ゲームのように情報を伝えていく方法だと、途中で誰かが間違えると、そこから先の人には正確な情報が行き届かなくなってしまうからだ。さらに、学校でトラブルが起こったり、教師が不祥事を起こしたりした際、そのことが保護者間で拡散するのを防ぐという意味合いもある。

　そうした事情を踏まえて最近は学校からの連絡はメールによる一斉配信が主流になっている。保護者同士で名簿を管理しないので情報が漏れることはない。さらに進んで、学校連絡網システムといった無料通信アプリを活用する学校も増えているようだ。

=== 行事 ===

バナナはおやつに入るか悩んだ
遠足

誕生年	絶滅度
明治時代	**C**
流行年	
～2000年代	

　小学生や中学生のころ、楽しみだった学校行事の一つに遠足があった。あくまで日帰りが原則だが、春と秋にあり、バスに乗ってやや遠方の名所へ行ったり、あるいは徒歩で近場の大きな公園や史跡を訪ねたり、山や野原をハイキングしたりした。

　遠足といえば、おやつだろう。総額300円以内（学校によって金額は異なる）で何を買って持っていこうか考えるのも楽しみの一つだった。だが、最近では持参禁止、おやつの交換もNGという学校もあるそうだ。交換したおやつで食物アレルギーを引き起こす可能性があることなどがその理由とのこと。おやつの持参がむずかしい家庭の子どものことを考慮し、前日におやつが一律に支給されるケースもあるとか。

　ただ、その遠足自体が徐々に減ってきている。学校によってはまったく行わないところもあるという。その代わりとして、校外学習を実施する学校が激増している。その場合、「社会科見学」が校外学習となっているケースも多い。

バナナを食べている人はまれだった。

69

やけどや騒音が問題になった
スターターピストル

誕生年	絶滅度
1972年	
流行年	**A**
1980年代〜2000年代	

　子どものころ、運動会といえば秋に行われた。体育の日が10月10日と決まっていたので、その前後に開催されたのだ。しかし、ほかの行事と重なりやすいのと、秋は台風のシーズンで天候不良が多いこともあり、最近は春に運動会を行う学校が増えている。そして開催時期だけでなく、運動会の中身も変わりつつある。

　まず、かけっこや短距離走のスタート時、「位置について、ヨーイ……」の次の「ドン！」はピストルの音だった。これは火薬式のスターターピストルであり、紙に少量の火薬をつめ込んだ紙雷管が使われていた。そのため、使用直後には火薬の独特のにおいが周囲を漂ったものだ。それ以上に問題だったのが、破裂音

走るほうだけでなく、スターターもピストルの音にビビっていた。

だ。その音が原因で急性難聴などのトラブルが起こり、火薬を使っているのでやけどをする人もいたりした。さらに、近所迷惑という声もあってほとんど使われなくなった。

　そうした危険性も考えられ、最近使われているのは、同じピストルでも、デジピストルだ。

見た目も音も従来のものと変わらないが、デジタル処理された銃声がスピーカーから流れる。音量も自在に調整OK。ピストルの先端のフラッシュが光るので、タイムを計る場合は、それを見てストップウォッチを押すことになる。笛や手旗をスタートの合図としている学校もある。

運動会の花形だった競技がダンスに

運動会の競技内容そのものも変わりつつある。まず、組体操が徐々に減りつつある。とにかく事故が多く、骨折が多発したことがその理由だ。実施したとしても、四つんばいになって積み重なるピラミッドは段数を上限5段に、そして方の上に立って円筒をつくっていくタワーは3段までなど上限が設けられるようになっている。廃止した学校ではダンスを取り入れるケースが多い。

組体操と同様、減る傾向にあるのが騎馬戦だ。騎馬戦は4人1組で、3人の生徒が騎馬となり、1人が騎手として上に乗る。その騎手の帽子を取り合うという競技だ。帽子を奪う際に騎手が落下する危険があるからと取りやめている学校が増えている。

運動会といえば、昼食も家族と食べるのが通例で、その慣習が続いている学校もあるが、中には家族と昼食を禁止している学校もある。保護者が来られない子どもに配慮し、生徒だけ教室内で弁当を食べるそうだ。そこで仕方なく、親たちが集まって校庭でつくってきたものを食べるそう。さらに、子どもの撮影を禁止している学校もある。理由は個人情報保護のため。SNSやインターネットで写真や映像が流出するトラブルを防止するためだ。

提出するのが恥ずかしかった
ぎょう虫検査

誕生年 1961年	絶滅度
流行年 1961年〜2015年	**S**

　寄生虫のヒトギョウチュウが体内にいると、命に別状はないが、肛門付近がかゆくなり、かくことで炎症が起こってしまう。1960年代以前の日本における感染率は20％以上と高かった。

　そこで、1961年から小学校の学校健診で寄生虫卵検査、いわゆるぎょう虫検査が義務づけられた。この検査は、ヒトギョウチュウが肛門付近で産卵することを利用し、朝起きたときに粘着テープを肛門周辺に押しつけて卵の有無を調べるというものである。検査自体は簡単だったが、粘着テープを提出するのが恥ずかしかったという記憶のある人も多いだろう。

　なお、衛生環境の向上などによりヒトギョウチュウの感染率は下がり続け、2013年には0.14％まで低下。そのため、2015年度限りで、学校健診での寄生虫卵検査は廃止された。今の小学生は、あの恥ずかしい体験をしなくても済んでいるのだ。

　同様に、結核予防のBCGワクチンの接種もなくなっている。スタンプ状の注射器で打ち、はんこのような跡が残ることから「はんこ注射」とも呼ばれたBCGワクチンは、かつては幼児期、小学生期、中学生期に3回接種することが義務づけられていた。しかし、2014年に結核予防法が改正され、接種時期は生後6カ月未満の1回となり、学校では注射をしなくなった。

本当は無意味だった 座高測定

誕生年	1937年
流行年	1937年〜2015年

絶滅度 **S**

　学校の身体測定では、身長、体重と並んで座高も測るのがワンセットになっていた。当時そのことを疑問に思う人は少なかったはずだ。だが、学校保健安全法施行規則が改正され、2016年から学校での身体測定から、座高測定は除外されている。しかも、その理由が「座高を測っても意味がない」というからおどろきだ。

　そもそも、座高測定は明治時代にはじまり、1937年から学校での身体検査の項目にも入れられることになった。当時は、兵隊は足が短いほうが重心は低くなって下半身が安定するのでよいといった説や、座高が高ければ内臓が発達していて健康であるという説が信じられており、それゆえの測定だったようだ。つまり、座高は高いほうがよいと考えられていたのである。

　しかし、戦後徴兵制もなくなり、座高と健康はとくに関係がないことも明らかになったので、座高測定をする意味がなくなったのである。それにしては廃止まで時間がかかりすぎたような気もするが、習慣で何となく続けられてきたのだろう。

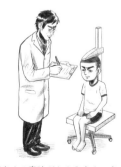

測定する意味がわからなかった。

73

元祖歩きスマホだった!?
学校の二宮金次郎像

誕生年	流行年	絶滅度
1924年	1930〜1960年代	B

　昔の小中学校の校庭には、必ずといってよいほど、薪を背負い、歩きながら本を読んでいる少年の像が建てられていた。そう、二宮金次郎像だ。

　二宮金次郎（尊徳）は江戸時代後期の思想家で、飢饉で苦しむ多くの農村を立て直した功績で知られている。少年時代の金次郎は貧しい暮らしをしていたが、働きながらも本を手放さず、勉強を続けていたという逸話をもとに、この像はつくられた。ちなみに、手にしている本は中国の古典『大学』であることが多い。

　全国の学校に像が建てられるようになったきっかけは、明治時代後期に勤勉な金次郎が道徳（修身）のモデルとして教科書に掲載されたためである。1924年に第1号の像が愛知県の小学校に設置されると、以後全国の学校に普及していった。

　だが、70年代以降、歩きながら本を読むのは危険といった声が強まり、学校の校庭から金次郎像は姿を消していった。さらに2010年代以降は、歩きスマホを助長しているという批判もあり、金次郎像への風当たりはますます強くなっている。

　もっとも、最近はその批判をかわすため、切り株などに腰かけて本を読んでいる新しいタイプの金次郎像も登場してきた。今後、新型の金次郎像が学校にどの程度普及するかは不明だ。

校庭に立っていたアメリカンな柱

　学校の校庭から姿を消したものに百葉箱もある。百葉箱とは、外気温を測る際に、なるべく直射日光や雨などの影響がないようにつくられた箱で、中には温度計や乾湿計が収められている。また、正確に気温を測るため、設置する高さは地上から1.2〜1.5mと定められている。

トーテムポールだけは、どうして設置されているかわからなかった。

　19世紀にイギリスで発明されたもので、日本では1874年に初めて国が導入したのち、小学校の校庭にも設置されるようになり、戦後、全国に普及した。だが、1993年から気象庁が百葉箱を使った観測を終えたことにともない、小学校の授業においても活用される機会が減っていき、老朽化したものは撤去されている。

　柱に複数の顔などを彫刻したトーテムポールも、一時期は多くの学校の校庭に立っていたが、最近はほとんど見なくなっている。ネイティブ・アメリカンの伝統的彫刻であるトーテムポールが、何の縁もゆかりもない日本の学校に盛んに立てられたのは、1950年代から60年代にかけて電柱が木製からコクリート製に置き変わったためだといわれている。大量の木の廃材の再利用のために、トーテムポールがつくられることになったのだ。そして、材料の廃材がなくなったため、つくられなくなったのである。

洗えば洗うほど不衛生だった
網に入った石けん

誕生年	絶滅度
?	**B**
流行年	
〜2000年代？	

　昔、学校のトイレや手洗い場の水道の蛇口には、なぜか、みかんネットに入れられた固形石けんがぶら下がっていて、それをネットの上からゴシゴシしながら泡立てて手を洗ったものだ。網のネットが黒ずんでいたり、水で石けんが溶けていたりと見た目も悪く、不衛生に感じられた。

　この網に入った石けんは、今ではほとんどの学校で設置されていない。というのも実際、不衛生だったからである。微生物汚染状況を検査したところ、固形石けんの表面や、みかんネットから大量の細菌が検出された。毎回、必ず表面を水でしっかりと洗い流せば、細菌は多少減るかもしれないが、不特定多数の人が使うことを考えるとそれは難しい。ということで、網に入った固形石けんではなく、薬用の液体石けんが置かれるようになっていったのである。

　ちなみに、学校のトイレ内のさまざまな場所の菌の数を調査したところ、濡れている蛇口ハンドルから多くの菌が検出された。せっかく手を洗っても、最後に水を止めるときに、手動式の蛇口ハンドルにふれると手に菌が再び付着することになる。そのため、新型コロナウイルスの感染が拡大して以降、非接触で手が洗える自動水栓の導入が積極的に進められている。

同級生にいじられかねなかった
和式トイレ

誕生年	20世紀初頭？
流行年	1960年代？

絶滅度
C

　現在、駅や商業施設など公共の建物のトイレに設置された便器の多くは洋式トイレであり、和式トイレはあまり見なくなった。実際、大手トイレ製品メーカーの出荷データによれば、1963年には80％以上が和式トイレ、洋式トイレは20％以下だったものの、76年には出荷台数がちょうど半々となり、2015年には何と和式トイレの出荷台数は全体の0.7％と激減している。

　にもかかわらず、文部科学省が2020年に行った調査によれば、公立小中学校トイレの洋式トイレの割合は57％だった。小学生の男子の場合、個室に入る＝大便をすることだったため、知られると同級生にいじられかねず、個室に入りづらかった。

　公立の小中学校から和式トイレがなくならない理由は、今も公共施設などに和式トイレが存在するため、和式トイレの使い方も知っておく必要があること。また、便座に直接体がふれる洋式トイレを望まない生徒が一定数いるためである。

　和式トイレは洋式トイレとくらべ、しゃがみづらく、立ち上がるときに転びやすいが、その半面、掃除が楽だったり、姿勢的に腹に力を入れやすく排便がスムーズになったりするといったメリットもある。とはいえ、古い施設などには和式トイレが残されているが、今後ますます減っていくことは確実だろう。

いつの間にか中身が変わった
白線用の消石灰

誕生年	絶滅度
1900年代	**S**
流行年	
1920〜1980年代	

　野球部、陸上部、テニス部などの運動部に属していた人なら、白線を引くラインカー（白い粉が入った手押し車）を使ったことのある人は多いだろう。1990年代以降、都市部の学校ではあらかじめ白線が描かれたアスファルトの校庭が増えた。それでも、土の校庭がある学校ではラインカーはまだ健在だ。

　ところが、じつは用具の外見はそのまま、白線用の粉（ラインパウダー）は別の物に入れかわっている。

　かつては、白線用の消石灰（水酸化カルシウム）の粉が主流だったが、人間の体組織を構成するタンパク質も溶かしてしまう強力なアルカリ性物質だったため、傷口や目に入れば危険だ。しかも、1980年代の地方の学校は、生徒の健康によいと考えて、はだしで体育の授業を行うことが多かった。2008年に日本眼科医会は、白線用の消石灰が目に入る事故を避けるため、文部科学省に学校での消石灰の使用禁止を要請した。

　こうした事情から、現在は、アルカリ度が低くて人体への害が少ない炭酸カルシウムや、石膏の粉末が使われている。

　ちなみに、ラインカー本体の色は赤、粉は白が定番だったが、現在はそうでもない。運動用品メーカーによっては、青や黄色のラインカー、ピンクや水色、黄色の粉も発売している。

ロケット鉛筆

削る手間いらずだが寿命は短い

誕生年	1967年
流行年	1970〜1980年代前半

絶滅度 B

普通の鉛筆とシャープペンシルの中間のような筆記具、それがロケット鉛筆だ。鉛筆の芯がついた小さなパーツが10個ほど連結した状態で筒状の本体に詰まっており、芯がすり減ったら一番後ろに入れ、入れ替わりに新しい芯が中から押し出された。このため、鉛筆のように削る手間がなく使うことができた。

じつは生まれは台湾で、1967年に「ノンシャープニングペンシル」という商品名で発売。日本のコクヨが1972年に輸入し、「テンシル」という名で販売したが、あまり売れなかった。ところが数年後、他メーカーが売り出してから流行する。

ロケット鉛筆という通称はそもそも、芯のパーツを連結した姿が、多段式ロケットのように見えるのが由来である。見た目はかっこよかったが割と早く芯がすり減るためあまり長持ちせず、しかもパーツを1個でもなくすと使用不能になるのが難点だった。授業中やテスト中に芯のパーツを落としてなくし、書くものがなくなるというケースもあって使用を禁止する学校もあったからか、1980年代に入ると使われなくなっていった。

似たコンセプトの商品で、プラスチックの本体に各色の芯を入れ替えて使うカラーペンもあった。こちらは日本の寺西商事が1960年ごろに売り出し、36色という豪華なものもあった。

進化を極めて流行が終息した

多面式筆箱

誕生年	流行年	絶滅度
1960年代中期	1970年代後半	A

生物学ではかつて定向進化説がよく唱えられた。獣の牙がひたすら大きくなったり、進化には傾向があるという学説だ。これを地で行ったのが多面式筆箱である。1960年代中期、サンスター文具は開閉部に磁石がついた両面式筆箱を発売。1970年代に入ると、それが3面、4面……と、ひたすら複雑化していく。

多面式筆箱は基本的に外側がビニールで、男子用はスーパーカーやスペースシャトルなどのメカ、女子用は小動物や花柄がよく描かれていた。初期は表面に筆記具が数本、裏面に分度器や三角定規が入り、さらに消しゴムの収納部がある程度だった。

だが、しだいに多面化が進み、最終的には7面や8面まで登場。内部は2段底になったり、側面から虫眼鏡が飛び出したり、分解可能になったり、平べったく変形させることが可能になったり、とにかくギミックが増えていく。おかげで高額化したうえに、玩具のようなあつかいとなり、教師やPTAは難色を示した。

1980年代前半、多面式筆箱の進化が頂点に達すると、恐竜に代わって哺乳類が台頭したような大変化が起こる。金属製のシンプルな缶ペンケースに流行が移ったのだ。

なお、サンスター文具は現在も多面式筆箱を発売しており、ボタンで自動開閉するなど複雑なギミックは健在なものもある。

食品サンプルのようなものまであった
香り付き消しゴム

誕生年	**1970年代中期**
流行年	**1970年代後半〜1980年代**

絶滅度 C

1970年代の文具の中でも、女子に人気が高かったのが、香り付き消しゴムだ。種類は多様で、いちご、メロン、レモンなどフルーツ系のほかに、コーラ、カステラ、プリン、チーズケーキ、ラーメン、梅干し、ポテトフライといったものまであった。

1975年ごろ、消しゴムメーカーのヒノデワシが売り出したのちに各社が発売。1950年代には香り付きの香水鉛筆が流行したので、それがヒントになったという。

香りだけでなく外見に凝った商品も多く、1970年代にトンボ鉛筆が発売されたチョコレート型消しゴムは、板チョコの形状や包装の銀紙もリアルに再現していた。そのため、誤って消しゴムを口に入れてしまうケースが報告される。一部のメーカーの商品には有害な物質が含まれていたため問題視された。

ファンシー文具メーカーのサカモトは、現在も香り付き消しゴムを発売している。フルーツの缶詰やスナック菓子のパッケージを忠実に再現しており、ジョークグッズとしても趣がある。

1970年代後半から1980年代前半には練り消しゴムが流行する。男子の間では、スーパーカー消しゴム、続いてキン肉マン消しゴム（キンケシ）が人気だったが、これらは消しゴムとしては使えない塩化ビニール製であり、ミニ玩具だった。

子どもはみんな持ち歩いていた
ボンナイフ

誕生年
1950年代

流行年
1960〜70年代

絶滅度
A

　カミソリの刃にプラスチックの柄をつけたミッキーナイフこと
ボンナイフは、1980年代の初めごろまで、小中学生の必須アイ
テムだった。柄はピンクや水色や黄緑などカラフルで、金額は
100円未満。刃は薄く、鉛筆を削ったり、紙や木の枝を切ったり
する程度にしか使えなかった。

　このボンナイフが普及するきっかけはテロ事件だった。1960
年に当時の社会党委員長だった浅沼稲次郎が、演説中に17歳の
少年にナイフで刺殺される。当時、多くの小中学生は肥後守と呼
ばれる折りたたみ式の小刀で鉛筆を削っていたが、PTAを中心
に「子どもに刃物を持たせるな！」という運動が広がり、比較的
安全なボンナイフの所持が許されるようになったのである。

　その後、1970年代には手回し式の鉛筆削り器、さらに電動式
の鉛筆削り器が普及すると、ボンナイフはそのポジションを奪わ
れる。結果、かつて子どもから小刀を取りあげた大人が、今度は
「近ごろの子どもは手で鉛筆も削れないのか」となげいた。その
鉛筆削り器も、1990年代にシャープペンシルが定着して激減した。

　その一方、紙を切ったりする図画工作の道具としてもボンナイ
フは使われていたが、1980年代中ごろから、オルファ社のカッ
ターナイフに取って代わられた。

クレヨンと絵の具から消えた
はだ色

誕生年	昭和前半〜90年代	絶滅度 S
流行年	1980年代	

　子どものころ、図画工作の時間や自宅でのお絵描きに使ったクレヨンや絵の具、色鉛筆からはだ色が消えたのをごぞんじだろうか。きっかけは、トンボ鉛筆、サクラクレパス、三菱鉛筆の３社が協調し、2000年９月の生産からはだ色という呼称を取りやめたからである。代わりに、「うすだいだい」（ライトオレンジ）、もしくは「ペールオレンジ」という呼称が使われている。

　はだ色という表記がなくなったのは、消費者から人種差別的だという意見がメーカーに寄せられたことが発端だった。表記を変えた当初は、はだ色は、実際の肌の色を示すものではなく、「日本固有の慣用色だ」「代わりになる色名を統一しづらい」という意見もあったそうだが、はだ色という言葉自体が肌の色への固定概念を与えてしまい、それによって人種差別につながってしまうのではないかという心配があったので変更したという。

　ただ、じつははだ色ばかりを集めた色鉛筆がある。世界のさまざまな肌の色「スキンカラー」を集めた12色入りの色鉛筆セットだ。イタリアのメーカーが発売し、なかなか売れている。日本にいると、日常的にさまざまな肌の色をした人たちとふれ合う機会は少ない。だからこそ、この色鉛筆セットを見ると、ひと言ではだ色といっても、いろいろな色があることがわかる。

汚れやすく破れやすかった
わら半紙

誕生年	絶滅度
明治時代初期	**A**
流行年	
1960〜1980年代	

　学校の小テスト、連絡プリントといえば、ザラザラとした手ざわりの、薄い茶色のわら半紙がふつうだった。何度も消しゴムで消すと汚れたり、破れたりするのでテストで答えを書くのにも苦労したものだ。卒業文集、クラス新聞をガリ版刷りでつくったことがある人にとっては、さらになつかしい。

　わら半紙は1980年代半ばまで、学校だけでなく企業や官公庁でも一般的な書類用として使われた。だが、安価で重宝されていたにもかかわらず、90年代に入り、コピー機の導入が進んだことで活躍の場を失っていく。紙自体が薄いこと、表面のざらつきが原因でコピー機に使用すると紙づまりを起こすためだ。それゆえ、上質紙やコピー用紙にその地位を奪われたのである。また、コピー用紙など大量使用される紙が安くなった分、わら半紙の希少価値が上がり、価格が昔より高くなっている。

　ほとんど見かけなくなったわら半紙だが、意外にもケーキやクッキーづくりに使われている。オーブンの天板に敷くためだ。油を吸収しやすく、菓子の種類によってはクッキングシートを使うより上手に焼けるからだ。

　なお、わら半紙の原料は木材パルプや古紙だが、明治時代に初めてつくられた際、わらなど原料にしたので、この呼称となった。

じつはいろいろ危険だった
アルコールランプ

誕生年	絶滅度
?	
流行年	
～1980年代	**A**

　昭和の時代の小中学校では、理科の実験といえばアルコールランプがつきものだった。アルコールランプは、その名のとおり、メタノールなどの燃料用アルコールを燃料とし、瓶の口から出ている燃料にひたされた太い芯に火をつけて使用する加熱器具だ。これを使ってビーカーやフラスコを加熱することで、固体・液体・気体の状態変化などを学ぶために盛んに利用されていたが、近年はほとんどの学校から姿を消している。

　姿を消してしまった理由は、アルコールランプに火をつけるにはマッチやライターを使う必要があるが、最近の子どもはそれらの使い方に慣れていないこと。また、ランプの傷やひびから空気が入り込むと爆発する危険があるためである。そのため、アルコールランプに代わって、ガスコンロが使われることが多い。

　ところで、アルコールランプといえば、かつては石綿付き金網と三脚のセットで用いた。しかし、石綿が肺ガンや中皮腫の原因になることが知られるようになり、1990年以降、石綿付き金網は使われなくなっていった。さらに、2004年には法律で石綿を1％以上含む製品の出荷が原則禁止となったため、すべての小中高校で使用禁止となっている。代わりに使われているのは、セラミックやセラミックファイバーを利用したセラミック付き金網だ。

不良学生のシンボルだった
ボンタン

誕生年	1970年代
流行年	1980年代

絶滅度
A

　1970年代末からのツッパリ文化や、80年代中盤以降のヤンキー文化では、独特の加工を施した変形学生服が不良生徒の間で流行した。その代表的存在がボンタンだ。

　ボンタンは学生服のズボンを変形させたもので、厳密にはワタリ巾（はば）が広く、スソ巾が細くなっているものを指すが、一般的には太目の変形学生ズボンはすべてこの呼称だった。バリエーションも多く、ヒザ部分の太さを強調したものはクジラ、極太のストレートラインのものはドカン、ヒザから下のスリムさを強調したものはボンスリなどと呼ばれていた。敵対する相手の履いているボンタンを奪うボンタン狩りも、当時は流行ったものである。

　一方、上着のほうは、着丈が極端に短い短ランと、反対に着丈が極端に長い長ランが二大潮流だった。ランは学ランの略称である。ボタンの数は短ランだと4個以下、長ランだと6個以上が一般的で、ボタン自体にもドクロや龍などの模様が施されたものが多かった。また、短ランにも長ランにも、タバコやコンドームを隠せる隠しポケットがついていたのも特徴だ。

　ただ、1990年代に入ってトレンディドラマ・ブームがおとずれると、白いTシャツとストレートジーンズなどの清潔感ある組み合わせが流行となり、これらのファッションは廃れていった。

体型が丸わかりだった ブルマー

誕生年	絶滅度
1960年ごろ	**S**
流行年	
1960年代〜1990年代	

　女子の体育着として長く使われていたブルマー。伸縮性のあるニット生地でつくられていて、お尻にフィットしていた。1960年より以前は「ちょうちんブルマー」と呼ばれ、ふっくらとしたシルエットのゆったりサイズだった。

　密着型のブルマーが台頭したのは、64年の東京オリンピックの女子バレーボールがきっかけだ。国内外の女子バレーボール選手がブルマー姿で活躍したのを機に、各メーカーがピッタリブルマーを生産。学校の体育でも女子はブルマーが当たり前になった。しかし着用すると、体型が丸わかり。足がつけ根から露出する、パンツがはみ出るなど、思春期の生徒の大半ははずかしかったようだ。それでも、動きやすく、制服のスカートの下に履いていれば下着を見られないよう気をつかう必要もなかった。

　そのブルマーが90年代半ばに突如消えてしまう。これは俗説だが、使用済みのセーラー服やブルマーを販売するブルセラショップの出現により、性的な対象として見られるようになったことが原因だとされている。また、90年前後から日本でセクハラの概念が浸透していく。それによってブルマーに注がれる性的な眼差しとそれに対する生徒の嫌悪感を学校側が認識し、ハーフパンツやジャージが体育着の主流になっていった。

あのころはどうだった？ 政治編

　1972年に首相となった田中角栄は、低学歴ながら総理大臣にのぼりつめたこともあって、国民から圧倒的な人気があった。就任中には戦後日本の長年の懸案だった日中国交正常化を果たし、友好の証しとして中国から日本に初めて2頭のパンダが贈られている。

　だが、田中は74年に金銭スキャンダルにより総理を辞任。さらに、76年には航空機導入をめぐる贈収賄事件、通称ロッキード事件が発覚し、逮捕された。

　それでも自民党政権は盤石だったが、86年に土井たか子が社会党党首に就任。89年、90年の選挙は、土井の人気もあって社会党が圧勝し、マドンナ旋風と騒がれた。

　それから間もない92年に、自民党の大物政治家が多数関係した汚職事件である東京佐川急便事件が発生。国民の批判が高まったことで、自民党は93年の総選挙で大敗を喫した。その結果、野党が結集して日本新党の細川護熙を総理大臣とする連立政権が発足。これにより、自民党が38年間にわたって与党の座を占め続けてきた55年体制は崩壊した。

Part.3

趣味・娯楽

結局みんな好きだった プロ野球の乱闘	誕生年 ? 流行年 〜1990年代	絶滅度 A

1990年代ぐらいまで、プロ野球の乱闘は日常茶飯事だった。乱闘が発生する原因は、死球や危険球、クロスプレイ、あるいは審判の判定への不服などさまざま。両チーム入り乱れての大乱闘は迫力満点で、一種の劇を見ているようだった。

発生すると球場は異様な熱気で盛り上がり、テレビ番組『プロ野球珍プレー・好プレー大賞』などでは、乱闘特集が毎回組まれていた。結局はみんな好きだったというほかない。ちなみに、乱闘での退場記録は、大阪近鉄バファローズなどで活躍したタフィー・ローズの通算14回だ。

しかし、そんな乱闘も2000年代以降は減少傾向にある。基本的に、乱闘はにらみ合いや、せいぜい素手でのつかみ合い、小突き合い程度で終わることが大半となっている。けがをして選手生命を縮めるケースがないわけではないため、そのリスクを避けたいという意識を多くの選手が持つようになったのだ。

もう一つの理由としては、

試合そっちのけで、双方の選手たちが最もエキサイトしていた。

1999年からオリンピックやWBCといったプロ野球選手による日本代表チームが頻繁に組まれるようになったことも挙げられる。これにより、多くの一流選手がチームを越えて親しくつき合う間柄となったため、乱闘がしづらくなったともいわれている。

女性ファンが増えてヤジが減少

乱闘とともに減ったものにヤジがあるだろう。ヤジには、対戦チームのベンチからと客席からの2種類がある。そのどちらも昔にくらべればかなり減った。とくに、客席からのヤジはずいぶんと減っている。

以前は、観客から聞くに堪えないヤジが選手に浴びせられ、それに激高した選手が客とこぜり合いを起こすということも、時々起こっていた。1997年、当時中日ドラゴンズに所属していた台湾出身の大豊泰昭に対して、国籍を揶揄するようなヤジが飛んだことがある。これに怒った大豊はフェンスの金網にバットを投げつけ、3日間の謹慎処分を受けている。

また、かつて近鉄の本拠地だった藤井寺球場は日本一ヤジの汚い球場とも呼ばれており、多くの選手が悩まされたという。

ヤジが減った一番の理由は、カープ女子などに代表されるように野球場に女性ファンが増えたためだろう。かつての野球場は、仕事帰りの男性サラリーマン客がメインだったが、近年は女性同士やカップル、家族連れの姿が目立つようになっている。

ただ、そのぶんSNS上では試合中、球場のヤジ以上の罵詈雑言がリアルタイムで飛び交っているという現実もある。

まるで漫画のようだった
高校野球のエースで4番

誕生年	絶滅度
？	
流行年	**B**
～1990年代	

　かつて高校野球では、エース投手兼4番バッター、つまりエースで4番の選手が投打の要となり、チームを優勝に導くという、野球漫画でしか起こらないような話が現実によくあった。

　古くは、早稲田実業学校の王貞治が1957年の甲子園で3試合連続完封をマークして優勝。また、のちにプロゴルファーに転身するジャンボこと尾崎将司（おざきまさし）は、徳島海南（かいなん）高校のエースとして64年に3試合連続完封などで初出場初Vを果たす。85年には伊野商業高校の渡辺智男（わたなべとみお）が準決勝でPL学園高校の清原和博から3奪三振、決勝の帝京高校戦では2ランを放ったうえ完封するなど、エースで4番の活躍によって甲子園優勝を果たした例は数多い。

　だが、1998年に横浜高校の松坂大輔が5試合3完封、3試合で4番を務めて優勝して以降、エースで4番による甲子園優勝校は出ていない。これは、高校野球でもプロ同様、バッターと投手の分業が徹底されてきたためである。

　もっとも、2021年現在MLBにおいて二刀流で活躍する大谷翔平は、甲子園で優勝はできなかったものの、プロ入り前から二刀流の継続を公言し、周囲の懸念をよそに結果を出して見せた。これを見た子どもたちが大谷にあこがれることで、甲子園においてエースで4番の活躍が見られるようになるかもしれない。

少なくなった先発投手の完投

　分業といえば、高校野球での投手の完投もめずらしくなっている。今は高校野球でもプロと同じように、先発、中継ぎ、抑えと分業にしている学校がほとんどだ。先発ピッチャーも1人ではなく、2本柱、3本柱を形成し、ローテーションで投げさせているチームも多い。

点を取られたら、みずからのバットで取り返すこともあった。

　昔は1人のエースピッチャーが延々と投げ続けるのが普通で、1958年の春季四国大会で徳島商業高校の板東英二は、準決勝で延長16回、決勝で延長25回の計41回を投げ抜き、全国的に大きな話題となった。さすがにこれは投げすぎと判断した日本高等学校野球連盟は選手の消耗を考慮し、延長戦に関するルールを急きょ変更。延長18回裏の時点で引き分けの場合は、その時点で試合を終了し、後日、試合を実施すると定められた。

　それでも完投という伝統はなかなかなくならず、1998年の夏の甲子園大会の準々決勝において、強豪校のPL学園相手に松坂大輔は延長17回まで投げ切り、250球で完投勝利をあげている。

　近年はピッチャーの健康を心配する声が高まり、2021年からは決勝戦も含めて、延長12回までに決着しない場合、13回から無死一、二塁から開始となるタイブレーク制が導入された。

ファンがあれこれと推測した
覆面レスラー

誕生年	絶滅度
？	**A**
流行年	
～1980年代	

インターネットが普及する1990年代末まで、プロレス・ファンにとっての情報源は、『東京スポーツ（東スポ）』をはじめとするスポーツ新聞各紙と『週間プロレス』『週間ゴング』『週間ファイト』などの専門誌しかなかった。そのため、ファンの間では憶測や間違った情報も盛んに飛び交っていたが、それゆえ楽しかったという側面は間違いなくある。

たとえば、当時は覆面レスラーの正体は基本的にすべて謎だった。1981〜83年にかけてのタイガーマスク・ブームのときは、全国の子どもたちがタイガーマスクの正体についてあれこれ自説を主張し、雑誌のどんな小さな記事でも見逃すまいと目を皿のようにしていたものだ。タイガーマスクが日本人なのかメキシコ人なのかすら、そのころは謎だったのである。覆面レスラーのほうも、プライベートなことは一切話さないというのがマナーだった。

だからこそ、悪役レスラーの覆面剥ぎの反則に興奮したし、敗者マスク剥ぎマッチにドキドキしたのだ。しかし、今はよほど小さな団体でもない限り、覆面レスラーの国籍はもとより、本名や経歴なども熱心なファンは熟知している。レスラー当人や団体も、隠そうとしていないことも多い。それがよいのか悪いのかは別にして、覆面レスラーの神秘性が薄まったことは否めない。

ネズミを食って育ったレスラー !?

　情報不足という意味では、来日前の外国人プロレスラーについても断片的な情報しか伝わってこなかった。そのため、まだ見ぬ強豪などと呼ばれ、幻想だけがふくらんだ外国人レスラーも多かった。実際に来日してみるとイマイチだったということは頻繁にあったものである。

「外国人＋覆面」というだけで、とても強いと期待値が高かった。

　1980年代中ごろに、当時まだめずらしかった海外のプロレスを放送する『世界のプロレス』というテレビ番組があった。そこによく登場していたロード・ウォーリアーズの「オレたちはスラム街で生まれ、ネズミを食って育ってきた」といったアピールも、真に受けていたものだ。情報が潤沢な現在なら、あり得ないだろう。ちなみに、ロード・ウォーリアーズはのちに来日。幻想を裏切らないファイトで日本中にブームを巻き起こした。

　プロレス界から減ったものには、不透明決着もある。昔は反則や両者リングアウトなどによって試合の決着がつかず、ファンが不満を募らせるということがよくあった。だが、1988年に旗揚げした第二次 UWF がスポーツライクなプロレスで脚光を浴びると、その影響もあって新日本プロレス、全日本プロレスなどの老舗団体でも不透明決着は大幅に減った。

| いつの間にか聞かなくなった
サッカー用語 | 誕生年
？
流行年
1990年代？ | 絶滅度
A |

　1993年にJリーグ（日本プロサッカーリーグ）が誕生したことで、日本でもサッカーは野球と並ぶメジャー・スポーツとなった。そのJリーグ発足から現在までの約30年の間に、耳にしなくなったサッカー用語がいつくもある。

　たとえば、選手の交代や負傷者の搬出などで空費された試合時間を前後半それぞれのあとに追加することを、Jリーグ発足から2000年代に入るぐらいまでロスタイムと呼んでいた。だが、これは和製英語で国際的に通じないため、近年はアディショナルタイムと呼ぶことが定着している。

　また、サドンデス、Vゴール方式、ゴールデンゴール方式といった言葉も聞かなくなった。これは、延長戦で一方のチームが得点した場合、その時点で得点を入れたチームを勝者とするというルールのことだ。しかし、2002年にJ2、2003年にJ1でも延長戦そのものが廃止となったため、消滅した。

　それから、1998年から2002年までサッカー日本代表監督を務めていたフィリップ・トルシエが採用したディフェン陣形であるフラットスリーも、当時話題となった。だが、3バック全員が特定の相手をマンマークしないという、特殊な守備システムだったため、トルシエ退任後は聞かなくなってしまった。

一向に終わりが見えない
バレーボールの試合

誕生年	
?	**絶滅度**
流行年	**A**
?	

　1964年の東京オリンピックで「東洋の魔女」と呼ばれた女子日本代表チームが金メダルを獲得して以降、バレーボールは日本で人気のスポーツであり続けている。ただ、ここ20年ほどでバレーボールには、いくつか大きな国際ルールの変更があり、昔とは試合の様子がかなり変わった。

　変化の一つは試合時間の短縮だ。もともとバレーボールは、サーブを行ったチームがラリーに勝った場合のみ点数が入り、サーブ権を持たないチームがラリーに勝った場合はサーブ権を得るだけというサイドアウト制（サービスポイント制）だった。しかし、これではサーブ権が行ったり来たりすると、試合時間が長時間になってしまう。そこで、放送時間内に収まらないことを嫌がったテレビ局の強い意向もあり、ラリーポイント制が導入されることとなった。こちらは、サーブ権の有無にかかわらず点数が入るというルールである。

　まず、1989年に５セット目のみラリーポイント制を導入。そして、1999年には５セットマッチの全セットで導入された。これにより、長時間試合は大幅に減った。もう一つの変化は、1998年にリベロと呼ばれる守備専門のポジションを設けたことだ。これは、低身長の選手にも活躍の場を与えるためである。

誰も打ち返せなかった
卓球の低いトスのサーブ

誕生年	絶滅度
?	**A**
流行年	
1980年代？	

　2000年代に福原愛が活躍して以降、卓球は日本でも注目を浴びるスポーツとなった。ただ、福原愛が活躍した時代と、それ以前では、じつは卓球のルールはかなり変わっている。

　一番の変化はサーブだろう。まず、1987年にサーブ時のトスは16cm以上とすることとルールが改正された。それまでは何cmトスしなければならないといった規定がなかったため、低いトスのサーブを素早くサーブする選手が増えるとともに、そのサーブを打ち返せず、サーブだけで大量に得点されるケースが見られるようになったからだ。さらに、2002年にはサーブを打つ瞬間、腕や体でボールを隠すことも反則と定められた。

　また、ボールもかなり変わっている。もともと卓球のボールは、大きさ直径38mm、重さ2.5gのセルロイド製と定められていた。しかし、2000年に直径40mm、重さ2.7gに変更され、2014年には材質もセルロイドからプラスチックへと変更された。こうしてボールが大きく重くなったことでスピードが遅くなり、回転もかかりにくくなった。その結果、ラリーが続きやすくなり、卓球の娯楽性が高まったとされる。

　そのほか、ゴムをツルツルにして反発力と摩擦力を減らした粒高ラバーの使用が2000年に禁止されている。

サラリーマンの必修科目だった

接待ゴルフ

誕生年 1960年代	絶滅度
流行年 ～1980年代	**B**

イギリス発祥とされるゴルフは20世紀初頭には日本に入ってきたが、用具代やプレイ代などの費用がかかるため、長らく庶民には縁遠いスポーツだった。だが、高度成長期だった1960年代ぐらいから一般のサラリーマンもプレイするようになり、上司や取引先に対する接待ゴルフが盛んになっていった。サラリーマンでもプレイできたのは、プレイ代が会社の交際費や接待費で落ちたためで、ゴルフ場の高価な会員資格も会社が所持していた。

こうしてゴルフがサラリーマンの必修科目となると、サラリーマンは給料やボーナスが出るとゴルフ用具を買い、休日にはゴルフ（打ちっぱなし）練習場へ足を運んだ。駅のホームで傘を使ってショット練習をする人をよく見かけたのも、この時代である。

その後、バブル景気に突入すると、ゴルフ・ブームはさらに過熱。名門クラブの会員資格が投機対象となり、数千万円で取引されるまでとなった。

しかし、バブル崩壊によって、サラリーマンのゴルフ・ブームも急速にしぼんでしまう。会社が交際費や接待費を出せなくなり、高価な会員資格も手放してしまったからだ。2001年に1300万人いた競技人口は、16年には500万人台と落ち込む。当然、接待ゴルフは減ったが、ゴルフを趣味として楽しんでいる人は多い。

まさに鉄火場だった
競馬場のマナー

誕生年	絶滅度
?	**B**
流行年	
〜1980年代	

　ここ20〜30年で、競馬場のマナーはかなり改善した。昔は馬券に生活をかけているような客が数多くいたためか、本命の馬が負けると「辞めちまえ！」とか、ひどいときは「死んじまえ！」といったヤジが馬場から引き揚げてくるジョッキーに容赦なく浴びせられていた。だが、今はほとんど聞かない。

　パドックで大声を上げたり、フラッシュをたいて写真を撮る客もほぼいなくなった。それらの行為は馬がおどろいてしまう危険性があるため、本来絶対にやってはいけない。現在は、フラッシュ撮影禁止と書かれた札を持った警備員がパドックの周囲に配置されている競馬場がほとんどだ。これは1996年、大レースの一つであるGIレースの秋華賞で人気だったエアグルーヴがパドックで大量のフラッシュを浴びて興奮、レースで惨敗する。レース中に骨折していたことものちに判明したのがきっかけだ。

　大レースのゴール前で外れ馬券が紙ふぶきのように舞うという光景も、ずいぶんと減った。

外れ馬券ならまだしも、中には競馬新聞を投げる人までいた。

これは競馬場を訪れてもネットで馬券を買う人が増えたためということもあるのだろう。とはいえ、やはりマナーが向上したという面もある。ただ、2005年にディープインパクトが勝ったGIレースの菊花賞のゴール前では、穴党が購入したであろう外れ馬券が宙を舞っていた。

廃止されていった地方競馬場

競馬場のマナーが向上するきっかけとなったのは、1980年代末のオグリキャップ・ブームによるところが大きい。それまでの競馬場のイメージといえば、競馬新聞と赤ペンを持ったおじさんがギャンブルに熱をあげている、興味がない人からすれば近づき難い場所だった。それが、オグリキャップは地方競馬から中央競馬へ挑戦して数々の劇的なレースをくり広げたことで、若い女性やカップルも競馬場を訪れるようになったのである。

その後も、さまざまな競走馬が地方から中央を目指して活躍したが、2004年にGIレースの皐月賞で1番人気2着となったコスモバルク以降、中央で活躍する地方出身馬はあまり見なくなった。これは、地方競馬の衰退も一因かもしれない。

2000年代初頭に、九州地区の中津競馬場、荒尾競馬場、中国地区の益田競馬場、福山競馬場、甲信越地区の三条競馬場、北関東の足利競馬場、宇都宮競馬場、東北地区の上山競馬場など、歴史のある地方競馬場の多くが、売上低下で廃止されている。

もちろん、大井競馬場、船橋競馬場、浦和競馬場、川崎競馬場の南関4場など、独自の工夫で存続しているところもある。

東京ボンバーズの激闘！
ローラーゲーム

誕生年	絶滅度
20世紀初頭	**A**
流行年	
1970年代前半	

「ローラースケートをはいた集団が激しくぶつかるスポーツ」と聞いて、ピンと来る人はあまりいないかもしれない。だが、1970年代前半の短期間、このようなスポーツが毎週テレビで中継され、人気があった。それがローラーゲームだ。

　ローラーゲームのルールは時期によっても違うが、日本で流行していたときは、次のようなものだった。1チームは男性5名、女性5名の男女混成10名で、2チームが対戦。ジャマーと呼ばれる得点役のスケーターが、相手チームのスケーターを1人抜くと1得点となる。そして、双方のチームが相手ジャマーを妨害しようとして、激しい衝突がくり広げられるのだ。

　もともとは20世紀初頭にアメリカで誕生したスポーツで、日本では、まず1968年から70年にかけてロサンゼルス・サンダーバードの試合が放送されていた。その後、72年に日本人選手と日系人選手の混成チームである東京ボンバーズが結成され、アメリカのチームと日米で対戦。これがテレビで『日米対抗ローラーゲーム』として放送され、人気となったのである。

　だが、しだいに人気は低迷し、東京ボンバーズは解散。1975年にはテレビ中継も終わった。こうしてローラーゲームは、日本では知る人ぞ知るスポーツとなってしまったのだ。

男子が夢中になった

めんこ

誕生年	絶滅度
平安時代？	
流行年	**A**
〜1960年代？	

　めんこを漢字で書くと面子となり、「小さな面」という意味だ。もともと泥でつくった小さな人の顔の形をしていたことから、この呼び名になったと考えられている。

　その後、明治時代になると鉛製の鉛めんこがつくられるようになるが、鉛は人体に害があるということもあり、やがて明治の中ごろから、めんこの材料は紙に変わっていった。すると、土や鉛よりも安価に大量生産できることで、全国の子どもたちにめんこは一気に広まっていったのである。以後、1960年代ぐらいまで、男子に最もポピュラーな玩具となった。

　めんこの表面に、その時代ごとの人気者がフルカラーで印刷されていたのも、男子が熱中した理由の一つである。力士や野球選手が絵柄の主軸だった時代もあり、そのころは一種のブロマイドのような役割も果たしていた。また、のちには怪獣や怪人、ロボットなども描かれるようになった。そのほか、直径1〜2cm程度の円形で、周囲にロウが塗ってある、ロウめんこというのも男子に人気だった。

　しかし、1970年代以降、空き地が減り、道路で遊ぶことが危険視され、さらには玩具が多様化、高度化していったことで、めんこは男子にとって、人気の存在ではなくなってしまった。

プラモづくりの入り口になった
100円プラモ

誕生年
1970年代

流行年
1980年代初頭

絶滅度
A

1980年代初頭、テレビアニメ『機動戦士ガンダム』のプラモデルが子どもたちの間で大ブームとなった。いわゆる、ガンプラ・ブームである。だが、ガンプラは安い物でも300円はして、さらにそもそも品薄で手に入りづらかった。そんなとき、子どもたちに人気だったのが、お手軽な100円プラモだ。

100円プラモとは、その名のとおり、一つ100円の安価なプラモデルのことである。代表的なものとしては1979年にバンダイから発売された「メカコレクション 宇宙船艦ヤマト」シリーズが挙げられる。これは、テレビアニメ『宇宙戦艦ヤマト』に登場する戦艦のプラモデルで、手軽な割にはよくできていて、子どもたちにとってプラモづくりの入り口となった。

また、青島文化教材社（アオシマ）から1975年に発売された「合体マシン」シリーズも、一つ100円で売られている飛行機や戦車風メカのプラモを4台合体させると巨大ロボットになるというアイデアが、子どもたちの心をくすぐったものだ。

100円プラモは、近所の駄菓子屋でも売っていた。身近さと値段の安さとあいまって子どもたちに人気となった理由だろう。ちなみに、「メカコレクション 宇宙船艦ヤマト」シリーズは現在も販売されているが、値段は一つ400円以上になっている。

===== 遊び =====

| 路地裏にガンマンをたむろさせた | 誕生年 1960年 | 絶滅度 |
| 銀玉鉄砲 | 流行年 〜1980年代前半 | A |

1980年代ぐらいまで、小学生男子にとって必携のおもちゃが銀玉鉄砲だった。これは、ばねの力で銀色の弾を飛ばすピストルのおもちゃで遊んでいた。

1960年に最初にこのタイプの玩具を発売したとされるセキデンというメーカーは「マジックコルト」という名前で発売していた。その後、いくつかのメーカーがさまざまな商品名で同種のおもちゃを発売したが、子どもたちはどれも銀玉鉄砲と呼んでいた。

銀玉鉄砲の弾は、石膏や粘土を丸めて直径7mm程度にし、表面を銀色に着色したものである。射程は5m程度で、威力は新聞紙2枚を貫通できないほど弱かった。それでも、子どもたちを夢中にさせたのは、本体も弾も格段に安かったからである。

銀玉鉄砲が登場する以前も、弾を発射するピストルのおもちゃはあったが、それらは本体も弾も高価で、子どもたちは室内で撃っては、その都度、弾を回収していた。だが、銀玉鉄砲は発売当初、本体が50円、弾が50発入りで1箱5円と破格の安さだった。この値段なら外でバンバン撃っても、少しも惜しくない。子どもたちはテレビや映画のヒーロー気分で打ちまくったものだ。

そんな人気の銀玉鉄砲も、子どもの遊びの中心がゲーム機になった1980年代半ばぐらいから、見かけなくなってしまった。

Part.1 生活（衣食住）

Part.2 学校

Part.3 趣味・娯楽

Part.4 仕事・技術

たびたびケンカの原因になった 消える魔球の野球盤	誕生年 1972年 流行年 1970〜1980年代	絶滅度 C

　野球盤というおもちゃは戦前から存在し、戦後も複数の玩具メーカーから発売されているものの、何といってもメジャーなのはエポック社の野球盤だろう。同社が初めて野球盤を発売したのは1958年だが、子どもたちに圧倒的に人気となったのは、72年に消える魔球のギミックを導入してからである。

　これは、漫画『巨人の星』に登場する魔球「大リーグボール2号」にヒントを得たもので、漫画同様、ボールがホームプレートを通過する際に消えてしまうというものだった。仕組としては、守備側プレイヤーの操作によってホームの手前部分が下がって穴が開き、ボールが吸いこまれてしまうというものである。

　当然、バッター側のプレイヤーは、守備側にこの消える魔球を使われると、ほぼ打てないので、公式ルール上は打者が見送ればボールと定められていた。それでも、あまりに反則的なギミックのため、「1ゲームにつき、消える魔球は何球まで」といったローカル・ルールも生まれたほどである。また、消える魔球を使った、使わないかでリアルのケンカに発展することもあった。

　野球盤の人気は、ファミコンなどの野球ゲームが登場すると下火になった。だが、2000年代以降、そのアナログさが逆に注目を浴び、人気を盛り返している。

少年たちの夢がつまっていた
秘密基地

誕生年	絶滅度
？	**B**
流行年	
昭和時代後期	

　昭和に子ども時代を過ごした男子なら、一度は秘密基地をつくった経験があるだろう。秘密基地といっても、裏山の洞穴や廃工場、資材置き場、空き地の土管、ビルのすき間などに友だちとこっそり忍び込み、漫画やおやつを持ち込んで、おしゃべりをするといった程度だった。それでも、大人の目から逃れられるプライベート空間を持つという感覚は、子ども心をくすぐったものだ。一番手近な秘密基地として、家の押入れも人気だったが、すぐに親に見つかるのが欠点だった。

　男子にとって秘密基地へのあこがれが普遍的なものであることは、ドラえもんの道具に、いくつも秘密基地をつくるものがあることからもわかる。また、特撮ヒーローの「仮面ライダー」シリーズや「戦隊」シリーズで、ヒーローも悪の秘密結社も秘密基地を持っていたことが、男の子心をくすぐったことも間違いない。

　だが、洞窟や廃工場、資材置き場といった、秘密基地をつくるのに適した場所は、危険という理由で次第に子どもたちがもぐり込めなくなってしまった。近年は街中に監視カメラや警報装置があふれていることで、空き地や家以外の建物に勝手に入り込むことも難しくなっている。もはや、現代の子どもにとって残された秘密基地は、家の押入れの中だけなのかもしれない。

女子が夢中になった
外遊び

誕生年	絶滅度
?	**C**
流行年	
1960年〜90年代?	

　子どものころ、公園はもちろんのこと、神社や路地裏も遊び場だった。そこでは、定番だった鬼ごっこやかくれんぼに明け暮れていた。男子は缶蹴りやめんこに夢中になり、そして女子ではゴム跳びが人気だった。

　ゴム跳びは基本的に持ち手2人が持つゴムひもを跳び越える。足首からスタートし、ひざ、腰、顔、頭へと高さを上げていく。高い位置のゴムを跳び越えるために足にゴムを引っかけて身体をねじって跳んだりもしたものだ。片足で跳んだり、側転をしたりしてクリアする女子もいた。クリアできたらOKで、ゴムにつまずいたり引っかかったりしたら持ち手と交代するのがメインのルール。ゴムの位置が高くなるにつれてより高度な技が必要になるため、ゴムに引っかからないようスカートの裾をパンツに挟み込んで夢中になっている女子も多かった。

　そのほかに、当時の小学生の女子に人気だった外遊びは「勝ってうれしいはないちもんめ♪」と歌いながら遊ぶはないちもんめや、「ぽこぺん　ぽこぺん　誰がつついた〜♪」と歌いながら鬼をつつき、最後につついた人をあてるぽこぺんだ。いずれにしても外で遊ぶことがスタンダードだった時代のこと。今は、体育館などでスポーツの一環として昔の遊びが行われているようだ。

いろいろな種類があった
公園の遊具

誕生年	絶滅度
？	A
流行年	
？	

　昭和の時代まではどの公園でもよく見かけた遊具が、平成に入ると次々と姿を消していることに気づいているだろうか。その代表的なものが箱ブランコだ。

　箱ブランコは向かい合ったベンチが鎖でつるされていて、複数人が向き合うように座ることで、たがいの重みによりゆれる遊具である。国土交通省の調査によれば、1998年には全国の公園に箱ブランコは1万4198台も設置されていたが、2013年には1864台にまで激減。15年間で約10分の1にまで減っているのだ。とくに減り方が激しかったのが、2001年から2004年にかけてで、この時期に約1万台もの箱ブランコが撤去されている。

　箱ブランコが撤去された理由は、危険と見なされたからである。もし事故などが起こったとき、保護者などから公園を管理する自治体が訴えられるリスクを避けるために、なくなってしまったのだ。同様の理由で、ぶら下がり式シーソーや回転ジャングルジムなども、平成の期間に急激に数を減らした。

　ちなみに、危険な遊具がなくなった代わりに公園で増えているのが、背伸ばしや足ツボなどの高齢者向けの健康器具系施設だ。いずれは公園で子どもたちが遊ぶ姿よりも、高齢者が運動にいそしむ姿をよく見かけるようになるかもしれない。

おいしい商売だった
カラーひよこ

誕生年	
?	**絶滅度**
流行年	**A**
?	

お祭りの楽しみの一つは縁日の屋台だが、2000年代以降は見かけなくなったものがある。カラーひよこもその一つだ。

カラーひよことは、染料で羽毛を着色された、青や緑、ピンク色などをしたひよこのことだ。本来のひよこにはありえないポップでカラフルな色合いは、子どもたちの目を惹いた。また、普通のひよこなら1羽買えば子どもは満足するが、色が違うことで集めたくなり、一度に何羽も買ってもらえるため、売り手側にとっても、カラーひよこはよい商品だったのである。

漫画家のさくらももこのエッセイにも、このカラーひよこの思い出話が登場するように、昭和の子どもにとっては身近な存在だった。とはいえ、素人にとってひよこの育成は難しく、寿命は短かった。さらに、ひよこを着色する行為は動物愛護の精神に反するということで、ここ20年ほどで姿を消していった。

ほかに縁日の屋台で見かけなくなったものに、型抜きもある。型抜きは、でんぷん、砂糖、ゼラチン、香料などでできた板状の菓子に描かれた動物や星などの型を、針や爪楊枝などでくり抜く縁日の遊戯だ。割らずに上手にくり抜ければ、賞金がもらえた。そのため、お小遣いを増やそうと何度もチャレンジするも、結果的にお小遣いを失うことになってしまった。

ファミコン

アナログな改善法が試みられた

| 誕生年 | 1983年 |
| 流行年 | 1980年代 |

絶滅度 **B**

1983年に任天堂からファミリーコンピュータこと、通称ファミコンが発売された。それ以前から家庭用ゲーム機は存在したが、ファミコンは当時としては高性能で低価格、さらに多彩なゲームソフトが出たことで、またたく間に子どもたちの遊びの中心がコンピューターゲームになっていった。

ただ、現在の視点から見ると、信じられないようなさまざまな"常識"がファミコンにはあった。たとえば、ファミコンのゲームはロムカセット方式だったため、ゲーム画面が乱れるなど、ハードが認識しないと、カセットの端子面に息をフーフーと吹きかけるという極めてアナログな方法で改善を試みていた。

また、当時のテレビにはビデオ端子がついているものが少なかったため、初期のファミコンはテレビ放送を受信するのと同じ端子に接続する方法（RF接続）を採用。ゲームをプレイするときは、地上波の空いているチャンネル（関東は2ch、関西は1ch など）で遊んでいた。そのほか、『たけしの挑戦状』や『さんまの名探偵』『聖飢魔II悪魔の逆襲』など、有名芸能人とタイアップしたゲームが多数出たのもファミコンの特徴だった。

その後、ゲーム機は発展し、さまざまなハードが発売されたが、ファミコンはレトロゲームとして今も心に残っている。

景気よく流れていた
パチンコ屋の軍艦マーチ

| 誕生年 | 1951年？ |
| 流行年 | ～1980年代 |

絶滅度
A

　1980年代ぐらいまで、パチンコ店のBGMといえば、軍艦マーチが定番であった。店先を通りかかると、道路にまで威勢のいい音楽が鳴り響いていたものである。

　軍艦マーチは正式曲名を『軍艦行進曲』といい、明治時代にあたる1900年につくられた古い曲だ。パチンコ屋のBGMとしては、1951年に有楽町のパチンコ店が使い始めたのが最初だとされている。以後、日本中に広まっていった。

　しかし、しだいに有線でポップスなどを流す店が増え、今では軍艦マーチを流しているパチンコ店はほぼなくなっている。パチンコ店の定番BGMではなくなって以降、軍艦マーチを耳にする機会としては、海上自衛隊音楽隊のコンサートのアンコールのときか、大日本プロレスのプロレスラーであるグレート小鹿の入場曲としてくらいだろう。

　ところで、スマートボールというパチンコと似た遊戯を覚えていないだろうか。スマートボール屋という専門店が1970年代くらいまで日本各地に多数存在し、人気を博していた。だが、やがてパチンコ店に駆逐されていき、今は大阪など一部地域の繁華街や観光地、温泉街などで時おり見かけるぐらいとなってしまっている。東京に唯一残っていた専門店は2020年に閉店した。

声の出会い系としても使われた
伝言ダイヤル

誕生年	絶滅度
1986年	
流行年	**A**
1990年代前半	

「都内で港区在住の30代男性ッス。年収800万円でBMW乗ってますよ。よかったら連絡してね♪」──軽いノリで自己アピールがたくさん、といってもネットの出会い系ではない。内容はすべて音声吹き込み、それが伝言ダイヤルだ。なお、自己紹介の内容が事実とは限らないのも現代の出会い系と同様である。

NTTが1986年にスタートした伝言ダイヤルは、6〜10桁の連絡番号と4桁の暗証番号によって、メッセージの録音と再生ができる（8時間で自動消去）。本来は声の伝言板で、携帯電話の普及する以前、待ち合わせなどに重宝された。不特定の異性に向けたナンパにも使われ、1990年代中期には援助交際でも多用された。

さらに1989年には、個人が電話を利用して有料の情報提供サービスを行えるダイヤルＱ２が登場。いわば、音声のみの短い動画投稿サイトのようなものだ。こちらもほどなく、異性との会話を売りにするツーショットダイヤルや、アダルト音声番組の業者が乱立し、大金をつぎ込む者も続出して問題視された。

だが、2000年ごろから携帯電話によるネットサービスやSNSが普及すると衰退し、ダイヤルＱ２は2014年、伝言ダイヤルは2016年にサービスを終了。ただし、災害時の安否確認に使われる災害用伝言ダイヤル（171番）は今も使われている。

多くのカップルが競い合った
派手な演出の結婚式

誕生年	
1980年代	**絶滅度**
流行年	**B**
1980年代	

バブル華やかなりし1980年代後半は、今では考えられないくらい盛大な結婚式が開催され、普通のカップルでさえ芸能人と見まがうぐらい派手な演出の結婚式を競うように行っていた。

そんな派手な結婚式の演出で代表的なのが、過剰にたかれたスモークのなか、天井につり下げられたゴンドラから新郎新婦が登場するというものだろう。演歌歌手かアイドルのコンサートくらいでしかお目にかかれない演出である。

そのほか、タワーのようにそびえ立つ数メートルものウェディングケーキや、白馬にひかれた馬車での入場なども、バブル期の結婚式では流行した。また、新婦は肩先や袖口にギャザーやタック

式場により用意されたこうした演出で費用はかさんでいった。

を入れて、ふんわり丸く膨らませた豪華なパフスリーブのウェディングドレスを着るのが定番だった。

さらに、ウェディングドレスだけでなく、白無垢から色打ち掛け、カラードレス、それから二次会衣装と、ずいぶんお色直しも多かったものだ。

式場も大規模な結婚式場やホテルが一般的で、友人、知人、親戚、仕事関係など何百人も招くこともあった。

このような結婚式は総じてハデ婚と呼ばれていたが、1990年代初頭にバブルが崩壊すると減っていった。理由は、単純に経済的余裕がなくなったからである。

仲人も「仏滅は NG」も減少中

バブル崩壊によってハデ婚が衰退すると、結婚式は堅実でシンプルな方向が主流となっていった。1990年代には経費を抑えたジミ婚がブームになり、2000年代に入ると、より小ぢんまりとしたナチュラル婚がブームとなった。

それにともない、式場も大がかりなホテルや結婚式場ではなく、洒落たゲストハウスやレストランが好まれるようになり、招くのも親しい人だけというスタイルが一般的になっていった。

この間の大きな変化としては、仲人を立てなくなったこともある。昔から日本の結婚式では、会社の上司や大学時代の恩師などに仲人を頼むのが普通だったが、現在は9割以上が仲人を立てない結婚式になっている。

それから、日本では伝統的に仏滅に結婚式をするのは避けるべきとされていたが、最近はまったく気にせず、仏滅に結婚式を行うカップルも増えているという。ブライダル業界の中でも、「仏滅＝NG」という考えを大切にしているところが多いため、仏滅に結婚式をすると割引があり、費用を安く抑えられるところもカップルに人気の理由だろう。

サラリーマンが浮かれ騒いだ

花金

誕生年	絶滅度
1980年代	**B**
流行年	
1980年代	

1980年代、金曜日の夜になると翌日仕事が休みという開放感からサラリーマンやOLが遅くまで飲み歩くようになり、花金(はなきん)と呼ばれるようになった。花金は「花の金曜日」の略である。

この花金が生まれた背景には、ちょうどそのころ企業の多くが週休二日制を導入したことがあった。それまでは、完全な休みは日曜日しかなく、土曜日は半ドン(51ページ)の企業が大半だったのだ。休みが1日増えた高揚感も、花金の盛り上がりに拍車をかけたといってよいだろう。

しかし、週休二日制はその後も定着したものの、花金という言葉はバブルが崩壊した90年代前半ぐらいから、ほとんど聞かれなくなった。景気が悪くなったことで、多くのサラリーマンたちに飲み歩くゆとりがなくなってしまったのだ。

2017年に政府と経済界は、毎月末金曜日に仕事を早く切り上げ、その分、買い物や外食などを推奨するプレミアムフライデーという個人消費喚起キャンペーンを打ち出した。だが、花金とくらべて、いま一つ盛り上がりに欠け、定着したとはいいがたい。いくら政府や経済界が「金曜の夜を楽しみましょう(どんどんお金を使いましょう)」とはっぱをかけても、給料がなかなか上がらないサラリーマンにとっては遠い世界の話でしかない。

ブームの陰で脱走が頻発した	誕生年	絶滅度
シベリアンハスキー	**?**	**A**
	流行年	
	1990年代初頭	

　時代によって、特定の動物がペットとしてブームになっている。1980年代後半から90年代初頭のバブル期にブームになったのが、シベリアンハスキーだ。いわゆる、このハスキー犬ブームのきっかけとなったのは、佐々木倫子の漫画『動物のお医者さん』の大ヒットだった。

　ただ、シベリアンハスキーは本来、酷寒の地で暮らしている大型犬種であり、お世辞にも日本の一般家庭で飼いやすい犬とはいえない。そのせいで、ブームだったころは、シベリアンハスキーが脱走したというニュースがたびたび話題になり、またひっきりなしに吠える、ムダ吠えも問題となった。

　しかし、これらはシベリアンハスキーに責任はなく、ほとんどは飼い主の愛情不足や、反対に過保護、しつけ不足などが原因であった。そのため、『動物のお医者さん』が2003年にTVドラマ化された際は、「ハスキー犬は安易に飼育できる犬でありません」という注意テロップが毎週流されたほどである。

　ほかにも、1985年にCMで使われたことで話題となったウーパールーパーや、1990年代後半から人気のフェレットなど、さまざまなペットブームがある。ただ、今でも定期的に、ペットが脱走したといったニュースが世間を騒がせ続けている。

なぜか部屋に飾っていた

旅行のおみやげ

誕生年	絶滅度
?	**A**
流行年	
1950～1980年代	

　旅行のおみやげといえば、今は現地の特産品やグルメなど一般的だが、昔は、今となっては謎ともいえる定番のおみやげがいくつかあった。その代表がペナントだろう。

　ペナントは細長い二等辺三角形をした旗の一種で、布などでできており、その三角形の中に観光地の地名などが刺繍や印刷されたものだ。もともとはヨーロッパ発祥のもので、ペナントという言葉は、「ペンノン」という西洋の中世の騎士が馬上で持つ槍の先につけた小型の三角旗と、「ペンダント」という軍艦のマストにかかげる旗の合成語だとされている。

　日本に入ってきたのは明治時代で、多くの大学で学校名の入ったペナントがつくられるようになった。やがて、あるとき山岳部の学生が大学名の入ったペナントを山頂に立てると、それがきっかけとなって山小屋が登山記念のペナントをつくるようになり、以後、観光地でもつくられるようになっていったという。

　1950年代から80年代前半にかけては、どこの観光地のみやげもの屋でペナントを売っていたものだ。自分で買ったり、親族や友人からもらったりしたペナントを部屋に飾っていたという人も少なくないだろう。だが、部屋の装飾としては地味すぎたのか、80年代中盤以降ほぼ見なくなっている。

まだまだあった謎のおみやげ

ペナント以外でいえば、観光
地の名前が入った小型の提灯な
ども、よく見かけたものだ。居
酒屋の中には、常連客がおみや
げとしてくれたであろう提灯
が、カウンターの頭上などに並
んでいるところもある。しか
し、近年はみやげもの屋で売ら
れていることはほとんどない。

いろいろな人からのおみやげによって部
屋は混沌としていた。

ちなみに、この小型の提灯はほこりがたまりやすいのに掃除しに
くいという難点がある。

鮭をくわえたリアルな木彫りの熊も、おみやげの定番であり、
多くの家庭に飾られていた。置き場所は玄関やブラウン管テレビ
の上だった。テレビが薄型化した現在は、置き場所も変わってい
る。なお、木彫りの熊は人気が再燃しているという。

そのほか、80〜90年代にはローマ字で書かれた観光地名と
ファンシーなイラストなどを組み合わせたキーホルダーやピン
バッジ、記念メダルなども人気だった。

それからおみやげではないが、旅行といえば、ポリ容器の中に
ティーバックが入っていて、買ったときにお湯を注ぐ方式のお茶
が、駅弁のお供として定番だった。この容器は正式にはポリ茶瓶
というが、ペットボトルの普及とともに姿を消した。

何となく理解した気でいた
マーフィーの法則

誕生年
1940年代？

流行年
1990年代前半

絶滅度
B

　1990年代前半、マーフィーの法則というものが、日本で大流行した。「失敗する余地があるなら失敗する」「洗車し始めると雨が降る」といったもので、法則というより、いわゆる「あるあるネタ」だったが、ユーモラスで少し悲観的なところが共感を呼び、ヒットしたのだろう。

　もともとはアメリカで誕生したもので、マーフィーとは1940年代にアメリカ空軍で仕事をしていた航空工学者のエドワード・A・マーフィー・ジュニアのことだとされている。彼が仕事をする中で見つけた経験則が、のちに広まり、さまざまな人が自分なりの法則をつけ加えて、まとめてマーフィーの法則と呼ばれるようになったのだという。ただし、これも真実かどうかの確証がなく、起源は不明という説もある。

　日本でも1970年代ごろから知られていたが、爆発的に広まったのは1993年に『マーフィーの法則』という書籍が出版されてからのことだ。基本的には、家庭や学校などで「〜の法則」と言いながら、本に書いてあるものや、オリジナルの「あるあるネタ」を披露するという形で流行したが、一部ではビジネス系自己啓発本としても読まれていた。しかし、ブームは数年で終了。2000年代に入ると、ほとんど誰も口にしなくなった。

バブルはゲレンデにも舞い降りた
ド派手なスキーウェア

誕生年	1970年
流行年	1970年代〜90年代

絶滅度 C

1980年代から一気にスキーブームが広がった。火つけ役は1987年公開の映画『私をスキーに連れてって』だ。主題歌だった松任谷由実の『恋人がサンタクロース』を聞きながら、毎週金曜の夜、夜行バスにゆられてスキー場へ向かった人も多いはず。

スキー場のゲレンデを彩ったのが、さまざまなスキーウェアだ。じつは、映画『私をスキーに連れてって』の主人公を演じた原田知世が着用していた全身白色のウェアが最初は人気だった。しかし、雪と同系色で危険ということもあり、花柄や明るいカラーリング、モコモコのフードなど、ド派手なスキーウェアが主流に。まさにバブル期を象徴する華やかさがあった。

一時期のスキー場利用者は1800万人を超えたが、90年代に入って、バブル崩壊と暖冬による雪不足でスキー場は徐々に減り、2000年代前半には利用者がピーク時の半分以下になる。ウェアも紫や黒など渋めの色合いのものに変わっていった。その後、スノーボーダーがゲレンデに進出したこともあり、ルーズでストリート系の雰囲気のウェアを見かけるようになっていく。

そんな中、2019年に再びスキーブームが到来する。スキーウェアはシックな色合いのものだけでなく、80年代から90年代前半の雰囲気を感じさせるものもあり、人気を取りもどしつつある。

| その時代の様相を彩った
音楽ジャンル | 誕生年
？
流行年
？ | 絶滅度
B |

時代ごとに流行した音楽ジャンルがあり、昔の曲を聴いたとき、その曲が流行っていたころの景色がよみがえるといった経験は誰にでもあるだろう。

たとえば、1970年代後半から80年代にかけて一世を風靡したのがシティ・ポップだ。これは、ニューミュージックのいちジャンルで、洋楽志向のメロディや歌詞、都会的に洗練された雰囲気が特徴。代表的なミュージシャンは、山下達郎や松任谷由実だ。

1980年代後半のバンドブーム期を象徴するジャンルといえば、ビートパンクである。平易なコード進行とキャッチーなメロディが特徴で、代表的なバンドとしては THE BLUE HEARTS や JUN SKY WALKER(S) などが挙げられる。楽曲がシンプルで、少し練習すれば演奏でき、当時の中高生のハートをとらえた。

そのあと1990年代には、渋谷系のブームが起こった。東京の渋谷区宇田川町界隈を発信地としていたことからついた名称で、洋楽を中心とした幅広いジャンルの要素を取り入れ、高度な音楽性とオシャレな雰囲気が特徴。代表的なバンドとしては、フリッパーズ・ギターやピチカート・ファイヴなどが挙げられる。

ただ、2000年代以降は、音楽の嗜好が多様化し、その時代を代表するような音楽ジャンルはあまり現れなくなった。

1本分の料金で観られた
2本立て上映

誕生年 1930年	絶滅度
流行年 ~1980年代	A

1980年代ぐらいまでは、新作映画であっても1本分の料金で2本観られる2本立て上映がよくあった。地域や映画館によっても違ったが、1979年に公開された映画監督である宮崎駿（みやざきはやお）が手がけたアニメ映画『ルパン三世 カリオストロの城』は、香港コメディ映画『Mr.BOO！ギャンブル大将』と同時上映。あるいは、1987年公開のアメリカのホラー映画『バタリアン2』は、井上ひさし原作の動物映画『ドン松五郎の大冒険』と同時上映など、ジャンルも制作された国もバラバラの映画が、普通に2本立てで上映されていた。

だが、2000年代に入ると、シネコンの普及により2本立て上映は減ってしまう。シネコンではヒット作品をできるだけ多くのスクリーンで回数を多く上映することで効率よく稼ぐことを重視しているため、のんびりと2本も上映してくれないのだ。

新作ではないが、名画座では古い映画を2本、3本と同時上映していた。しかし、その名画座も1980年代以降、レンタルビデオやケーブルテレビ、DVDなどの普及により激減してしまう。

ちなみに、浅草の名画座などでは、禁煙とは表示されていたものの、2000年代になって客が平気でタバコを吸いながら映画を観ていたものだ。ただ、浅草の名画座もすべて閉館してしまった。

最初から期間限定だった
ノストラダムスの大予言

誕生年	絶滅度
16世紀	**S**
流行年	
1970年代	

「1999年に世界が滅びる」と信じていた人はいないだろうか。その原因となったのが、作家でルポライターの五島勉（ごとうべん）が1973年に発表した『ノストラダムスの大予言』だ。

この本は、16世紀フランスの占星術師ミシェル・ノストラダムスが記した『百詩篇集』、あるいは『諸世紀』と呼ばれる予言書を紹介するというもので、数多いノストラダムスの予言の中でも、とくに「1999年7の月、空から恐怖の大王が来るだろう、アンゴルモワの大王をよみがえらせ、マルスの前後に首尾よく支配するために」という予言に注目したものである。五島はこれを、「1999年7月に人類が滅亡する」と解釈。本書が3カ月ほどで100万部を売り上げるベストセラーになると、子どもだけでなく、大人の中にも、この予言を信じて不安になる人が続出した。

その後、五島は『ノストラダムスの大予言』の続編を次々と出版。最終的には全10巻とまでなっている。そして、実際に1999年が近づくと、信じている人、懐疑的な人、興味本位の人も混じりながら、ノストラダムスの大予言は大きく盛り上がった。

しかし、ごぞんじのように、1999年に人類は絶滅しなかったため、その瞬間にブームは終息。そういう意味では、最初から期間の定められていた流行だったといえるだろう。

生まれては消えていく 昭和の都市伝説

| 誕生年 | 1978年 |
| 流行年 | 1979年 |

絶滅度 **A**

　1979年の春ごろから、全国の小学生の間で一つのうわさがささやかれるようになった。そのうわさとは、口元をマスクで隠した若い女性が、学校帰りの子どもに「私きれい？」とたずね、「きれい」と答えると、「これでも？」と言いながらマスクを外し、その口が耳元まで大きく裂けているというものだ。「きれいじゃない」と答えると、包丁やハサミで殺されるともされた。

　この口裂け女のうわさ話は、冷静に考えれば、それほどリアルな話ではなく、このような犯罪が実際に起こったという報道もなかったので、大人たちは信じなかった。だが、当時の子どもたちは本気で信じて、怖がったものである。登校拒否やノイローゼになる小学生が続出し、社会問題となるほどだった。

　そんな口裂け女の流行も、1979年の８月に入ると、急激に沈静化した。原因は、子どもたちが夏休みに入り、学校での口コミの情報交換が途絶えたためと考えられている。

　このような都市伝説は、その後も次々と生まれては消えていった。1989年には頭部が人間で言葉を話す人面犬、翌年には頭部が人の顔のように見える人面魚が話題となった。どちらもブームとしては短かった。今も新たな都市伝説は生まれ続けている。ただ、うわさの広がり方は口コミからネットへと大きく変わった。

全国の少年少女が挑戦した
スプーン曲げ

誕生年	絶滅度
1970年代	**B**
流行年	
1970〜80年代	

給食の時間になると、必死にスプーンをこすったり、息を吹きかけていたりした時期があった。その原因をつくったのが、自称"超能力者"ユリ・ゲラーのスプーン曲げブームだ。

1970年代初頭からアメリカやイギリスのテレビで、スプーンをなでたり、息を吹きかけたり、空中に投げただけでグニャグニャに曲げてしまう技を披露していたゲラーは、1974年に来日し、日本のテレビ番組でもその力を見せた。

これにより、ゲラーの人気は日本で爆発的となり、超能力ブームが巻き起こった。そして、ゲラーが「誰でも超能力は使えるようになる」と語ったため、当時の全国の少年少女は食事の時間になると、食事そっちのけで懸命にスプーンを曲げようとしていたのである。

その後、ゲラーはもともと手品師で、見せたパフォーマンスも超能力ではなく、単なる手品であることが、さまざまな検証によって明らかになった。だが、超能力ブームは80年代ぐらいまで続き、ゲラーの後継者や模倣者も数多く生まれた。

しかし、90年代に入ると、超能力を獲得できるとうたった新興宗教団体などが社会問題となったことで、超能力=うさんくさいものというイメージが広まり、ブームは沈静化した。

みんなが必死に探しまわった
未確認生物

誕生年	絶滅度
?	**B**
流行年	
1970年代	

　未確認生物とは、目撃例や伝聞などの情報はあるが、実在が確認されていない生物のことだ。イギリスのネス湖で目撃されたとされるネッシーなどが、その代表的存在である。

　そんな未確認生物の探索が、1970年代の日本各地でブームとなったことがある。中でも有名なのは、ツチノコ騒動だろう。

　ツチノコは胴が太く短いヘビのような姿をした未確認生物で、工具の横槌に形状が似ていることからこの名称がついた。古くから北海道と南西諸島を除く日本全国に目撃例があったが、1972年に作家の田辺聖子がツチノコ捕獲に情熱を燃やす人物が登場する小説『すべってころんで』を新聞に連載。それが翌年NHKでドラマ化されたことで、日本中でツチノコ探索が盛り上がった。

　そのほかでは、1970年代に広島県の比婆山連峰付近で目撃情報が相次いだ、類人猿型の未確認生物であるヒバゴン。1973年以降、北海道の屈斜路湖で目撃され、ネッシーにならって命名されたクッシーなども当時は話題となった。ネッシーに類似する巨大水棲未確認生物の目撃情報も多く、鹿児島県指宿市の池田湖のイッシーや、神奈川県箱根町の芦ノ湖のアッシーなども有名だ。

　これらの未確認生物はいずれも発見されなかったが、今も地元では観光資源でもある。

127

UFO の着陸痕かプラズマか!?
ミステリーサークル

| 誕生年 | 1980年代？ |
| 流行年 | 1980年代 |

絶滅度
B

　1980年代、イギリスを中心に畑で栽培している穀物が円形（サークル形）に倒される現象が頻発し、やがて世界中でこのミステリーサークルと呼ばれる謎の現象が発生するようなった。日本でも1990年9月17日に、福岡県篠栗町（ささぐり）の稲田で直径20mと5mのミステリーサークルが出現。全国ネットで報道され、多くの野次馬が現場に押しかける騒動となった。

　ミステリーサークルが発生する原因として当時最も多かった声は、宇宙人の乗ったUFOの着陸痕ではないかというものである。また、もう少し科学的な説明としては、積乱雲が起こす強い下降気流であるマイクロ・バースト原因説や、プラズマ原因説なども唱えられた。

　ところが、1991年にイギリスで2人の男性が、最初にミステリーサークルをつくったのは自分たちだと告白し、人力と簡単な道具だけでミステリーサークルを短時間でつくれることを実演して見せた。そして、同年には福岡県のミステリーサークルも、地元の高校生がつくったものであることが判明する。つまり、ミステリーサークルはイギリス人のいたずらからはじまり、世界中に出現したものも、その模倣犯であることが明らかになったのだ。ただ2000年代以降も時折、ミステリーサークルは出現している。

不幸の手紙

今も形を変えて存在する？

誕生年	流行年	絶滅度
中世？	1970年代	C

1970年代初頭に不幸の手紙と呼ばれるものが、小中学生の間で大流行した。これは、ある日突然、家に封筒が届き、その中の手紙に「この手紙と同じ文章で、あなたの友人○人に出さないと不幸になります」と書いてあるというものだ。

文章のバリエーションは多数あり、「何日以内に」と日限を迫ってくるものもあった。これを読んで恐怖を感じた子どもたちが手紙に書いてあるとおりに複数の友人に手紙を送ることで、さらに拡大するという、たちの悪い仕組みであった。

不幸の手紙は正式にはチェーンメールといい、中世ヨーロッパではすでに存在したという。手紙の内容は不幸を示唆するものだけでなく、「この手紙を○人に送ると、幸せになります」と書かれた「幸福の手紙」と呼ばれるものもあった。もともと日本では、この幸福の手紙が大正時代に大人の間で流行ったこともある。それが、1970年代に内容を不幸に変えたのだ。

もっとも、不幸の手紙は何通も手書きで手紙を書くという重労働を強いられたため、子どもたちも面倒くさくなったのか、流行は下火となっていった。だが、1990年代後半から電子メールが普及すると、より手軽に不幸の手紙（メール）が送れるようになった。そのため、今でもホラー映画の題材などで扱われている。

庶民のあこがれだった

クイズ番組でハワイ旅行

誕生年	絶滅度
?	
流行年	**A**
～1980年代	

　1980年代ぐらいまで海外旅行の敷居は高く、身近なハワイ旅行でさえ、庶民にとってはあこがれの対象だった。そのため、ハワイ旅行が優勝賞品というクイズ番組がいくつもあった。

　たとえば、1963 ～ 85年まで放送されていた『アップダウンクイズ』、78 ～ 84年まで放送されていた『家族対抗チャンスクイズ』、81 ～ 93年まで放送されていた『100万円クイズハンター』などは、そろって優勝賞品がハワイ旅行だった。『100万円クイズハンター』では、番組の最後でハワイ旅行獲得を目指してチャレンジゲームに挑む際、客席から「ハワイ！　ハワイ！」というコールが鳴り響き、チャレンジに成功すると天井から大量の紙吹雪が降るといった派手な演出で盛り上げていたものだ。

　そんな海外旅行への夢の究極形ともいえるのが79年から放送が始まった『アメリカ横断ウルトラクイズ』だ。こちらは、ハワイ旅行どころか、タイトルどおり、アメリカ大陸を横断しながら挑戦者たちがクイズで戦うという破格のスケールで人気を博した。

　だが、1990年代に入ると円高が進み、１ドルが100円を割るようになると、海外旅行の敷居は格段に下がった。それにともない、優勝賞品がハワイ旅行であることも見かけなくなり、『アメリカ横断ウルトラクイズ』も92年に放送が終了した。

====== テレビ・ラジオ ======

お茶の間の空気を気まずくした **ポロリもあるよ**	誕生年 **?** / 流行年 **～1990年代**	絶滅度 **S**

　1990年代ぐらいまでテレビの世界にはコンプライアンスという概念がほぼなく、「視聴率さえ取れればよい」という無法地帯だった。そのため、深夜だけでなく、ゴールデンタイムやお昼の時間帯でも、女性の裸がTV画面に映し出されることがあった。

　その代表的な番組が、1988年から98年まで放送されていた『ドキッ！丸ごと水着 女だらけの水泳大会』だろう。表向きはアイドル番組だったが、水上騎馬戦で女性のビキニの上が脱げる通称、ポロリが実質的なウリだった。もっとも、ポロリをするのはアイドルではなく、じつは仕込みのアダルトタレントで、彼女たちはポロリ要員と呼ばれていた。

　日曜の昼間に女性の生着替えコーナーを放送していたのが、ビートたけしが司会を務めていた『スーパージョッキー』だ。はじめはカーテンの囲みの中で着替えていたが、のちにはガラス張りの箱の中で着替えるスケスケ生着替えが登場。1983年から99年まで続く長寿番組となった。

　さかのぼれば、1969年放送の『コント55号の裏番組をぶっとばせ！』の、女性がじゃんけんに負けると服を脱ぐ野球拳のコーナーも大人気だった。後年はファミリー向けタレントとなる萩本欽一も、当時はPTAなどからきびしく批判されていたのだ。

=== テレビ・ラジオ ===

銃撃&爆破などド派手だった
アクション刑事ドラマ

誕生年	1970年代
流行年	～1980年代

絶滅度 A

　現在の刑事ドラマは、地道な捜査と推理で展開するものか、人情ものが主流となっている。だが、1970年代から80年代にかけては、激しい銃撃戦、大規模な爆破、車が大破するほどのカーチェイスなど、ド派手なアクション刑事ドラマが人気を博した。

　そんなアクション刑事ドラマには、『大都会 PART Ⅲ』や『大激闘マッドポリス '80』などの傑作がいくつもあるが、何といってもそのスケールの大きさで頂点に立っているのが石原プロモーション制作の『西部警察』である。1979年から84年まで放送されていた全238話のこのドラマで、壊した車両4680台、飛ばしたヘリコプター 600機、壊した家屋や建物320軒、使用された火薬4.8トン、ガソリン1万2000L という破格さであった。

　このようなドラマをつくろうと思えば、莫大な製作費がかかることに加え、爆破や危険な撮影、道路使用などに関して各所に許可を取らなければならない。それが無理なくできたのは、石原プロの代表で大スターであった石原裕次郎と、その兄で自民党の政治家だった石原慎太郎の影響力が当時絶大だったためである。今、同じようなものを制作しようとしてもおそらく不可能だろう。

　だが、1990年代以降、テレビの視聴者が若い女性もターゲットにしたことで、こういったアクション刑事ドラマは姿を消した。

コント番組

バラエティの花形だった

誕生年	絶滅度
?	C
流行年	
1970〜90年代	

1970年代ぐらいから長い間、テレビのバラエティ番組の王道はレギュラーメンバーを中心としたコント番組だった。

その先駆けとなったのが、1969年に放送が始まったザ・ドリフターズによる『8時だョ!全員集合』だ。最盛期には平均40〜50%の視聴率を稼いでいたこの番組を、当時見ていなかった子どもは皆無だったといっても過言ではない。ちなみに、最高視聴率は1973年4月7日放送の50.5%で、これは2021年時点で日本のバラエティ番組史上の最高視聴率でもある。

そんなお化け番組とまで呼ばれた『8時だョ!全員集合』に真っ向から勝負を挑んだのが、1981年から放送が始まった『オレたちひょうきん族』だ。タレントのビートたけし扮する正義の味方「タケちゃんマン」と明石家さんま扮する「ブラックデビル」などの敵キャラとの対決コントは人気を呼び、84年には年間平均視聴率で『8時だョ!全員集合』を抜いた。

以後もゴールデンタイムでは、さまざまなコント番組が人気となったが、2000年代に入ると、クイズ番組や情報バラエティ番組が増えていった。

大規模セットが組まれていた。

好きな歌手の順位に一喜一憂した
ランキング形式の歌番組

誕生年	絶滅度
？	**A**
流行年	
～1980年代？	

　昔はテレビの音楽番組といえば、ランキング形式の歌番組が定番だった。その代表的な存在は、1978～89年まで放送されていた『ザ・ベストテン』だろう。この番組は、邦楽ランキング上位10曲をカウントダウン形式で発表し、ランキングされた曲を歌手が披露するというものだった。ランキングは、レコードの売り上げ、有線放送リクエスト、番組に寄せられたはがきリクエストを合わせた独自のポイント制で決定されていた。

　当時は『ザ・ベストテン』で新しいヒット曲や新人歌手を知るのが普通で、多くの視聴者は毎週好きな歌手のランキングに一喜一憂していたものだ。ちなみに、最高視聴率は1981年９月17日放送回の41.9%。このときの１位はイモ欽トリオの『ハイスクールララバイ』。また、連続１位の記録は1981年の寺尾聰の『ルビーの指環』で12週連続だった。

『ザ・ベストテン』以外にも、『ザ・トップテン』や『ビッグベストテン』などランキング形式の歌番組は多く、『THE 夜もヒッパレ』のように毎週邦楽トップ10にランクインされた楽曲を本人以外の出演者がカラオケで歌うという番組まであった。だが、1990年代以降は減少し、地上波放送では『COUNT DOWN TV』系以外あまり見かけなくなっている。

テレビドラマの花形だった
2時間ドラマ

誕生年	絶滅度
1977年	**B**
流行年	
1980〜90年代	

　サスペンスものを中心とした2時間ドラマがテレビドラマの花形だった時代がある。その先駆けが、1977年に始まったテレビ朝日系「土曜ワイド劇場」だ。江戸川乱歩原作でエログロ路線を突っ走った「江戸川乱歩の美女シリーズ」の強烈な印象を覚えている人も少なくないだろう。また、同枠で人気となった「家政婦は見た！」シリーズは、30.9％の高視聴率を記録したこともある。

　その後、1981年に日本テレビ系「火曜サスペンス劇場」が始まり、ほかの民放各局も続々と2時間ドラマに参入。90年代初頭の最盛期には民放4局で週8本も放送される状態となった。

　だが、2000年代に入ると2時間ドラマはテレビから次々と姿を消してしまった。理由は、視聴率が取れなくなったからである。各局とも乱発しすぎたせいか、内容が陳腐化、マンネリ化し、「なぜかいつも崖の上で事件の解説をする」などと、笑われるようになってしまう。加えて、視聴率の取れない割に製作費がかかることもネックとなった。

　2021年現在、定期的に2時間ドラマを放送しているのはテレビ東京の「月曜プレミア8」の枠だけである。だが、定番の展開を好む視聴者がいなくなったわけではないので、つくり方によっては、今後2時間ドラマが復活する可能性もゼロではない。

番組の途中で突然現れた
「しばらくお待ちください」

誕生年	? 年
流行年	? 年

絶滅度 **S**

　テレビを見ていると突然画面が静止し、「恐れ入りますが、しばらくそのままお待ちください」などのテロップが出ることが昔はよくあった。通常の画面に復活したかと思ったら、数分後にまた同じテロップ画面に戻るということもあり、ドラマやスポーツ中継を見ているときなど、イライラさせられたものだ。

　これは、「放送事故」と呼ばれるもので、予定されていた放送を正常に行えない状態になったとき、このテロップが流される。原因は、放送機器の故障や機械の操作ミス、落雷などの自然災害などさまざまだ。放送技術が向上したため以前よりは減ったが、今でも時々発生することがある。

　一方、テレビから完全に姿を消したのが砂の嵐だ。昔のテレビでは深夜に放送が終わると、ザーというノイズとともに白黒の砂嵐のような画面に切りかわった。これは、正式にはスノーノイズと呼ばれるもので、画面に白い点が多数現れる様子が雪を降らせたように見えるためこのような名称となった。

　テレビ局が放送休止になると、テレビが受信する信号レベルが低下するために起こる現象である。ただ、アナログ放送特有の現象であり、2011年7月24日正午にテレビ放送がアナログからデジタルに完全移行して以降、見られなくなった。

子どもにチャンネル権はなかった
プロ野球の試合中継

| 誕生年 | 1951年 |
| 流行年 | 1960〜90年代 |

絶滅度 C

1960年代から90年代中盤までの長期間にわたり、プロ野球の試合中継はテレビの看板番組の一つだった。主に巨人戦だが、視聴率が20％超えは普通で、30％、40％超えもあったことからも、当時の人気の高さがうかがえる。ちなみに、プロ野球の公式戦中継の歴代視聴率1位は、最終戦同率首位決戦となった1994年10月8日の中日ドラゴンズ―読売ジャイアンツの48.8％だ。

そして、80年代ぐらいまではテレビは一家に1台というのが普通であり、しかも父親がチャンネルの決定権をだいたい握っていた。そのため、子どもたちは野球中継の裏でどんなに見たいテレビ番組があっても、野球を見たい父親にねじ伏せられ、涙をのんであきらめるしかなかった。

だが、1990年代に入るとBSデジタル放送局やスポーツ中継専門のCS局が次々と開局したことにより、地上波のプロ野球中継はしだいに減少。同時に、テレビ自体も一家に1台から1人1台の時代となり、親子のチャンネル権争いも消滅していった。さらに近年は、インターネットでの視聴が普及したことで、地上波でのプロ野球中継はますますめずらしいものとなっている。

もはや、茶の間のテレビで家族そろってプロ野球中継を見るといった光景は、ほぼ消滅したといってよいだろう。

137

時間になると待機していた
ラジオのエアチェック

誕生年	絶滅度
？	
流行年	**A**
1960～70年代	

1970年代ぐらいまで、ラジオ番組が始まる前にカセットレコーダーなどの録音機器を準備し、番組内で流される音楽を録音するエアチェックが盛んに行われていた。

厳密にはエアチェックという言葉には、ラジオ番組で流れる曲の録音だけではなく、トーク部分も含めて録音し、さらにテレビ番組の録画も含まれた。だが、最も一般的だったのは、先に挙げたように、番組内で流れる曲を録音するものだった。また、AM放送よりもFM放送のほうが音質はすぐれていたので、エアチェックの対象はFM放送となることが多かった。そのため、FMチェックと呼ばれることもあった。60年代から70年代にかけてエアチェック愛好家のためのFM情報誌が相次いで創刊されたことからも、当時どれだけ盛り上がっていたかがよくわかる。

エアチェックが盛んになった要因は、そのころの音楽媒体の中心が高価なアナログレコードで、気軽に買えなかったためである。自分の気に入った音楽を好きなときに何度も聴きたいと思えば、エアチェックが一番手っ取り早かったのだ。

しかし、1980年代に入るとレンタルレコード屋が普及。目当ての曲のレコードを借りてカセットテープにダビングすることが普通になり、エアチェックの習慣は廃れていった。

同好を見つける唯一の手段だった	誕生年 ?	絶滅度
雑誌の文通相手募集	流行年 〜1990年代前半	**A**

　同じ趣味を持った友達をつくろうと思ったなら、今は SNS などを利用すれば、すぐに見つけることができる。だが、インターネットが普及するまでは、唯一仲間を見つける手段だったのが、雑誌の文通相手募集コーナーである。

　硬派な専門誌からエロ雑誌まで、多くの雑誌に文通相手募集コーナーは存在した。愛好家の少ないマニアックなジャンルの雑誌ほど読者の仲間探しの思いはとくに切実で、文通相手募集コーナーが充実していたものだ。

　具体的な手順としては、まず雑誌編集部に自分の名前や年齢、住所、自己 PR などを書いた手紙を送る。次に、掲載されたその情報を見た読者が「この人と文通したい」と編集部に手紙を送ると、その手紙を編集部が文通相手を募集している人に転送してくれるという仕組みである。

　最初に募集の手紙を送ってから誰かの反応があるまで早くても数カ月はかかり、何とも気の長い話であった。何より、自分の名前や住所を雑誌にさらすというのは、個人情報保護の観点から今ではおそろしくてできない。

　1995年以降、急速にインターネットが普及したことで、雑誌の文通相手募集コーナーはその役割を終えた。

テレビ情報誌

多くの若者が買っていた

誕生年	流行年	絶滅度
1960年	1990年代	B

　今のようにインターネットが普及しておらず、まだテレビに番組表を表示できない1990年代、テレビ情報誌は非常に人気のある雑誌ジャンルだった。その名のとおり、テレビ番組表を中心とした雑誌で、独り暮らしの若者なども、テレビを見るための番組表は欲しいが新聞を取る気はないので、テレビ情報誌を買うという人が数多くいた。また、番組表だけでなく、番組やその出演者に関する記事なども載っていたため、ある種の芸能誌的な役割も担っていたことも人気の秘訣であった。

　最盛期の90年代には、週刊誌、月刊誌合わせて20種類以上のテレビ情報誌が乱立していた。しかし、2000年代に入るとテレビ情報誌は次々と休刊していく。最大の原因は、若者のテレビ離れである。さらに、テレビ画面に番組表が表示される電子番組ガイド（EGP）が普及したことも、テレビ情報誌の衰退に拍車をかけた。

　2021年現在でも、老舗の『TV ガイド』と『ザテレビジョン』の２誌は、週刊誌、月刊誌のどちらも頑張っているが、発行部数は最盛期の半分以下となっている。

お金がないので新聞をとらず、テレビ情報誌に頼っていた。

訃報を伝える最適な手段だった
新聞の死亡広告

誕生年	絶滅度
1873年	**B**
流行年	
?	

　新聞社が判断し、記事として故人の訃報を知らせるのがお悔やみ欄だが、それとは異なり、遺族もしくは生前に故人が希望していた場合、有料で新聞に訃報告知として掲載するのが死亡広告である。「お悔やみ広告」「黒枠広告」とも呼ばれる。故人の関係者に個別に連絡を取るよりも、新聞で訃報を伝えたほうが昔は情報が早く伝わるだけでなく、紙面に葬儀の日程や場所などの情報が書いてあるので、確実に伝えることができた。

　今でも、地方紙の中には無料で掲載してくれるところもあるが、そもそも新聞で告知する習慣が希薄になっているため、掲載数は徐々に減っている。首都圏に関しては社葬がほとんど。ただし、沖縄県では死亡連絡は電話で行わず、新聞に死亡広告を掲載するのが一般的だ。

　なお、文字だけで伝える三行広告もかつてはよく活用されていた。正確には3行でなくてよく、「3行×1段分のスペースの広告」という意味。インターネットが普及する前までは、新聞に数多く掲載されていた。よく目についたのが「ヒロシ、帰ってこい　父」などと書かれた、行方不明になった人を探す広告だ。ほかにも、行政書士や結婚相談所なども多かったが、スポーツ系の新聞だと風俗業関連の三行広告で紙面が埋まっていたこともあった。

あのころはどうだった？ 国際編

　1970年代の世界は、米ソの２大大国が対立する冷戦体制のまっただなかにあった。60年代から続いていた米ソの代理戦争でもあるベトナム戦争は、アメリカ軍が撤退したのち75年に終結したが、79年にはソ連がアフガニスタンに侵攻。それを理由に、アメリカは80年のモスクワオリンピックをボイコットし、日本もアメリカに追随した。

　しかし、80年代半ばからソ連をはじめとする東側共産主義陣営諸国では経済の低迷が目立ちだし、国民の反発も広まっていった。その結果、89年に東欧革命が起こり、共産主義国家が次々と民主化されていった。さらに同年には、冷戦の象徴とされていたベルリンの壁が崩壊し、日本でも連日報道された。

　その年の暮れに地中海のマルタ島で、ソ連の最高指導者であるミハイル・ゴルバチョフと、アメリカ大統領のジョージ・Ｈ・Ｗ・ブッシュが会談し、両者は冷戦の終結を宣言。ソ連としては冷戦を終わらせることで軍事費の負担を減らし、体制を存続させるねらいがあったのだが、時すでに遅く、91年にソ連は解体した。

Part.4

仕事・技術

移動販売

軽快なフレーズが耳に残った

誕生年	
1930年代	絶滅度
流行年	**B**
1960〜1980年代	

住宅街で「竿や〜、竿だけ〜、物干し竿〜」という移動販売車から流れるこのフレーズを聞いたことがある人は多いだろう。こうした移動販売の業者は竿竹屋と呼ばれる。しかし実際には、竹製ではなくステンレス製の物干し竿が普及して久しい。

この竿竹屋、よく軽トラのスピーカーから「20年前のお値段です」という音声が流れていたが、いつの時点から20年前なのか不明だ。そして何年経っても「20年前」と言っている。金額が変動していないのだろうか。冷静に考えるといろいろ妙だ。

実際、国民生活センターや各地の消費者団体には、悪質な竿竹屋の事例がいろいろ相談されている。たとえば「2本で1000円」とうたっているが、それは中古の竿竹を買い取る価格で、新品の竿竹はもっと高額というケース。はたまた、購入するとその場で長さの調整をしてくれるというので切ってもらうと、竿本体の料金とは別に、やたらと高額な手数料を吹っかけられるケースもあったという。

呼びとめようと外に出たら、だいたいすでに遠くにいっていた。

こうした手口は、2005年に刊行された『さおだけ屋はなぜ潰れないのか?』(光文社)をきっかけに広く知られるようになった。さらに、被害体験をネットで拡散する人も増えたためか、2010年代以降は竿竹屋を見る機会も減った。

路上で実演販売

竿竹屋とは別に、目にする機会が減った移動販売の業種は少なくない。豆腐売りと納豆売りがそれだ。自転車やリヤカーに商品を載せ、ラッパを吹き鳴らして「とうふ〜、とうふ〜」あるいは「なっとー、なっとー」と言いながら町中を流すのが定番だった。

昔は豆腐も納豆も日持ちしなかったので、自営の豆腐屋や納豆屋は、つくった分を早めに売り切るため、移動販売に力を入れた。しかし、1970年代以降は食品メーカーが日持ちする豆腐や納豆を発売。スーパーを利用する客が増えたために廃れていった。

このほか、鮮魚、牛乳、包丁研ぎ、手品グッズ(販売員が実演する)など、さまざまな移動販売があった。冬の石焼き芋売りは今も目にするが、かつては夏には金魚売りや風鈴売りがいた。

子どもに人気が高かったのが、ロバが引く車でパンを売るロバのパン屋。昭和初期に北海道札幌市で始まり、戦後、京都府京都市に本社を置くビタミンパン連鎖店本部によって各地に展開されたものの、多様な菓子パンや惣菜パンを売るコンビニが普及すると衰退していった。現在も岐阜県岐阜市、徳島県阿波市ほか一部の地域で移動販売を行っているが、ロバではなく軽バンを使用している。

プロボウラー

テレビで中継されていた

誕生年	絶滅度
1967年	
流行年	**B**
1971年	

　令和時代の現在、男女合わせて1000人を超すプロボウリング選手、通称プロボウラーが存在し、いくつものトーナメント大会が毎年開かれている。とはいえ、野球やサッカー、ゴルフ、テニスといったプロスポーツとくらべて、目立たなくなって久しい。

　日本では1960年代中ごろ、ボウリング場でピンの配置や点数表示が自動化されて人気を集める。各地では映画館がボウリング場の経営に転じた。1967年には日本プロボウリング協会が発足。中山律子をはじめとするスター選手に注目が集まり、1971年には爆発的なブームが到来する。この時期は、ボウリングを題材にしたドラマ『美しきチャレンジャー』やプロ選手の試合など、週に10本近くもボウリング番組が放送されていた。

　だが、1973年の石油ショックを機に各地のボウリング場が経営難に陥るなか、プロボウリングのブームは下火に向かう。

　その後、1980〜1990年代には各地のボウリング場が人気を持ち直す。このころ店内によく置いてあったのが、100円玉を入れてミュージックビデオを流すLDジュークボックスだった。また、店外の看板は巨大なピンというのが通例だったが、カラオケやビリヤード場、バッティングセンターも併設した複合施設が増えたためか、これも目にする機会が減っている。

「もしもし」の由来となった 電話交換手

誕生年	1890年
流行年	1950年代〜1990年代

絶滅度 C

　今、電話といえば、スマートフォンなど携帯電話が主流だ。電波さえあれば、どこにでも気軽に電話をかけることができる。

　しかし、今から130年ほど前の1890年に電話サービスが開始した当初、電話交換手に電話したい相手に手動で回線をつないでもらうという仕組みだった。電話機の受話器を上げると電話交換手につながり、たとえば「大阪の○○さんにつないでください」と伝えると、交換手が電話したい相手につないでくれるというスタイルだ。

　また、受話器を持ち上げると交換手につながるので、当初の電話機にはダイヤルがなかった。それが1926年に自動交換機が導入され、ダイヤル番号に応じて自動で接続してくれるようになったため、話したい相手に直接かけられるようになる。さらに、55年には市外通話の全自動化が実現。このころになると、電話交換手を介さずとも、電話がかけられるようになっていく。

　とはいえ、企業や病院などの団体の窓口としてかかってきた電話は、電話交換手が取り次いでいる。

　ちなみに、電話をかけたときの第一声「もしもし」は、電話黎明期に女性の電話交換手が「申し上げます、申し上げます」と言ったことが由来になっている。

つねにハサミの音をさせていた
改札に立つ駅員

誕生年 1872年	絶滅度
流行年 1900〜1980年代	**A**

　現在の駅は無人改札が主流だが、1990年代の初頭までは改札に立つ駅員が専用のハサミで切符を切っていた。動きを止めると調子がにぶるのか、改札前の列が途切れてもハサミをカチカチと鳴らしていた。ハサミの先端部の形状は多様で、切り口はM字型、凹字型、凸字型などがあった。

　そんな中、1967年に大阪府吹田市の阪急電鉄北千里駅に自動改札機が初めて設置される。1987年に国鉄が分割民営化されると、人員削減のため自動改札への切りかえが進む。とくに2001年以降は、JR各社がSuicaなどのICカードを導入したことで自動改札が急速に普及し、有人改札は姿を消していった。

　有人改札と並んで見る機会が減ったのが駅弁売りだ。大きな箱に駅弁やお茶を入れて腹の前で支え、ホームを歩きながら売るのが通例だった。だが、1990年代以降はすっかり減少した。空調のため窓が開けられない列車が増え、停車時間も短くなり、停車中の販売ができなくなったのが原因だという。

利用客がいないと暇だった。

会えたらうれしくなる
エレベーターガール

誕生年	絶滅度
1970年代	
流行年	A
1970年代～1990年代	

　子どものころ、百貨店でエレベーターに乗り込むと、白い手袋をつけ、上品なスーツを身にまとったエレベーターガールが立っていた。客の行き先階を聞き、順に停止させていく。エレベーターのドアが開く前には必ず「○階、××のフロアでございます」と乗客にアナウンス。乗降が終了するまで「開」のボタンを押さえてドアを開けたままにし、完了を確認したら「閉」ボタンでドアを締める。乗客から質問があれば案内も行っていた。

　日本で初めてエレベーターガールが誕生したのは1929年、松坂屋上野店。もともと松坂屋のエレベーターは手動式で操作が難しく、当初は男性が運転、扉の開閉も手動だった。1923年の関東大震災で全焼し、29年に本館が再建されたわけだが、その際新たに導入されたのが「水平停止開閉式」エレベーターだ。以前よりは操作しやすいということで初めて女性が採用される（当時は昇降機ガールと呼ばれていた）。その後、大手百貨店を中心に商業施設などにもエレベーターガールを常駐させるようになり、30年ぐらい前までは比較的よく見かけていた。

　しかし、エレベーターが誰でも気軽に操作できるようになったことと、人員削減もあって今では常駐させている施設はほとんどない。

銭湯絵師

巨大な壁画を1日で描き上げる

誕生年	流行年	絶滅度
1912年	1960年代	A

　銭湯は昭和後期の1985年には1万4000軒以上あった。しかし、家庭用の内風呂が普及したことで減少し、2021年で3000軒を超える程度となっている。銭湯の減少とともに、洗い場の大きな壁画を描く銭湯絵師の数も減っている。2021年現在、専業の銭湯絵師はわずか3人、最高齢の人は80歳を超えている。

　銭湯の壁面は縦横ともに数メートルもあり、間取りや壁の材質は一軒一軒で異なるが、どのような銭湯でも、1日のうちに数時間で男湯と女湯の2面分を描き上げるのが通例だ。

　銭湯の壁画といえば富士山が定番だろう。これは東京都千代田区にあった「キカイ湯」（現在は廃業）で、1912年に描かれたものが最初とされる。富士山のほかに、魚や鳥、その地方の名所、浮世絵風の美男や美女が描かれる場合も少なくない。

　もう一つ、銭湯に関連する職業として存在したのが三助だ。これは銭湯で働く下男で、風呂焚きと湯加減の調整、番台と下足番、そして客の背中を流す

専門の職人が大きな壁にさまざまな画を描いていた。

サービスという3種類の業務をこなしていたことから三助と呼ばれていた。

　1950年代には各地の銭湯で1軒に3〜4人の三助がいたといわれ、三助から銭湯の店主になることを目指す人も少なくなかった。2015年には、東京都荒川区の「斉藤湯」で働いていた三助が引退、これが最後となった。

定番だった湯上がりの1本

　銭湯といえば、入口に男湯と女湯にまたがる形で番台が置かれているのが通例だった。番台の高さは店舗や時期によって異なるが、東京都内では約1.3mが基準だ。番台は入浴客の受付カウンターであると当時に、台の上から客を見下し、脱衣所で何かトラブルが起こっていないか監視する場所でもあった。

　だが、1990年代から、男湯と女湯の入口の前にフロントがある形式が増え、小高い番台のある銭湯を見る機会は減った。

　そして、湯上がりに飲む定番といえば、ビン入りの冷たいフルーツ牛乳だ。1960年前後に乳業メーカー各社から発売され、いちご味やバナナ味、メロン味、各種フルーツをミックスしたものなどの種類があり、子ども客に人気だった。

　とはいえ、銭湯に親子連れ客が減り、大人は湯上がりにスポーツドリンクやミネラルウォーターを飲むことが増えた。こうした事情もあり、明治乳業は2019年にフルーツ牛乳の製造・販売を停止。2020年には小岩井乳業がこれに続き、今や雪印メグミルクのみが生産・販売を続けている。

夜の学校を見回っていた

宿直

誕生年	絶滅度
1890年代	S
流行年	
1890〜1960年代	

　職員が泊まりがけで勤務する宿直制度は、現在も医療機関で見られるが、かつてはほとんどの小中学校で行われていた。文化祭などの行事で学校に泊まったときや、大切な忘れ物をしたため夜の学校へ取りに行ったとき、宿直の先生の世話になった人もいたかもしれない。宿直は用務員ではなく、教師の正式な仕事の一つだった。

　そもそも学校の宿直は、どんな理由で生まれたのか。話は明治時代までさかのぼる。1890年に教育勅語が発布されたのち、全国の学校には、教育勅語の謄本と御真影（天皇皇后の肖像写真）が配布された。当時の価値観では、教育勅語の謄本と御真影は厳重に保管すべきもので、破損したり盗まれるのは許されない事態だった。そこで、夜間の不審火や地震、落雷といった災害、あるいは侵入盗に備えるため宿直制度がつくられたのだ。

　宿直担当の先生はほぼ男性で、小中学校の宿直室は、たいてい四畳半ほどの簡素な和室だった。

　戦後の1948年に教育勅語は廃止され、御真影が置かれなくなる。その後も見張り番として宿直制度は続いた。だが、1970年代以降は教師が宿直するのではなく、警備保障会社に委託するようになっていった。

===== 職業 =====

情報産業の変化を象徴する

写植オペレーター

誕生年	絶滅度
1920年代	S
流行年	
1960〜1980年代	

　情報を形にする産業は、技術の移り変わりの影響が大きい。20世紀の中ごろまで、本や新聞や広告などの印刷物は、植字工という職人が、鉛(なまり)の活字を1字ずつ組み合わせてつくっていた。だが1920年代には、文字盤に並んだ字を写真撮影と同じように印画紙に焼きつける写真植字（写植）が登場し、1960年代から普及。写植機械を操作するオペレーターに取って代わられた。

　写植オペレーターは、文字盤から漢字やカナを拾いつつ、指定どおりに書体（フォント）の種類や字の大きさなどを変えたり、太字や斜体に加工する専門的な職業だった。ところが、1990年代に入ると、今度はパソコン上で手軽に印刷物の文字や書体が指定できるデスクトップ・パブリッシング（DTP）が普及。写植オペレーターも急速に衰退していった。

　同じく、技術の変化で情報産業の世界から消えたのがキーパンチャー。1970年代まで、商用の大型コンピュータ（メインフレーム）は、規則的に穴が開けられたパンチカードを記録媒体に使い、アニメや特撮番組では博士キャラがパンチカードの情報を読んで分析していた。このパンチカードを作る仕事がキーパンチャーだったが、1980年代にフロッピーディスク（169ページ）ほかの記録媒体が普及すると、パンチカードは急速に姿を消した。

子どもにとっての社交場だった
駄菓子屋

誕生年	絶滅度
1870年代	**B**
流行年	
1920～1950年代	

　安価なお菓子や小さな玩具を売る駄菓子屋は、明治時代から見られる。大正から昭和期の駄菓子屋は、せんべいやキャラメルを口にしながら、新しい遊びの情報を仕入れたり、購入したビー玉、めんこ、映画スターのブロマイド、キャラクター玩具などを交換する、子どもにとってのいわば社交場だった。

　戦後は1960年代に冷蔵庫が家庭に普及するまで、冷たいラムネやアイスクリームを買えることで重宝された。商品の多くは10～100円程度で、堂々と著作権を無視した漫画やアニメキャラクターのパチモノグッズも少なくなかった。店主はたいていおじいさんかおばあさんで、おつりが50円なら「はいっ、50万円！」などというベタなやりとりがよく見られた。

　経済産業省の商業統計よると、駄菓子屋などの菓子小売業の事業者数は、1972年には13万6712カ所だったが、2016年には8285カ所に減少。少子化の影響だ。かつて4粒入り10円だったマルカワのオレンジ味フーセンガムは、平成期には6粒入り20円となり、1本10円のうまい棒は、7～9gだった内容量を値段はそのまま2010年代から5～6gに減量している。

　今でも大型商業施設の一角に大人向けの駄菓子売り場があるが、個人経営が基本だった駄菓子屋は過去の存在となっている。

━━━━ 職業 ━━━━

昔から続く教育の場だった
習い事の塾

誕生年	
1700年代	絶滅度
流行年	**C**
1950〜1980年代	

　少子化の進んだ昨今も、大手チェーンの学習塾、ピアノ教室、英会話教室、スイミングスクールなどはまだまだ町で見かける機会が多い。だが、すっかり数が減ったものもある。

　その筆頭が、そろばん教室だ。電卓の普及で、子どもはもとより商店主もそろばんを使わなくなって久しい。総務省の事業所統計によれば、全国のそろばん教室の事業所数は、1986年には1万3000カ所以上あったが、2012年には約6900カ所まで減少した。

　大人向けの習い事では、琴、三味線、日本舞踊の教室も減った。書道教室もかなり減少している。日本生産性本部が刊行する『レジャー白書』によれば、2019年の段階で書道人口は約230万人、この数値は10年間で約3分の1まで落ちたという。昭和時代には昔ながらの筆書のほかにペン字の教室も多く、漫画雑誌にはよく「日ペンの美子ちゃん」のボールペン習字講座の広告が載っていた。かつては上司に提出する書類の字が上手だとほめられたが、IT機器の普及で文字を手書きする機会自体が少なくなっている。

無言ですごい速さでそろばんの珠をはじいていた。

人気イベントの風物詩だった
ダフ屋

誕生年	絶滅度
？	**B**
流行年	
1980～2000年代	

　かつて、人気歌手のコンサート会場や野球場、プロレスの試合会場の周辺には、あやしげな風体の男たちがたむろして、「チケット買うよ」とか「チケットあるよ」と会場に向かう人たちに声をかける光景がよく見られた。いわゆるダフ屋である。

　ダフ屋とは、チケットを転売目的で入手し、チケットを欲しい人に転売する業者のことだ。当然、余ったチケットを買うときは安く買いたたき、売るときは高く売る。ダフ屋の語源は、チケット類を意味する「札（フダ）」を逆さまにしたものだという。

　ダフ屋行為は基本的に犯罪であり、多くの都道府県で迷惑防止条例によって禁止されている。また、ダフ屋の多くは暴力団関係者ともいわれている。ただ、どうしてもチケットが欲しい人にとっては頼みの綱であり、一定の需要があった。そのため、会場周辺にダフ屋は数多く立っていたのである。

　しかし、2000年代に入ったぐらいから、その姿があまり見られなくなった。理由の一つは、警察や自治体の締めつけが厳しくなったことである。だがそれ以上に、インターネットが普及し、一般人がチケットを大量に購入してネットオークションで高額で売りさばくようになったことが、ダフ屋にとって大ダメージとなったからだろう。

三輪トラック

個人商店が愛用していた

誕生年	絶滅度
1917年	S
流行年	
1950〜1960年代前半	

　オートバイの後部を二輪にして荷台をつけた三輪自動車は、大正時代から使われていた。戦後は、小資本の中小自動車メーカーでも大量生産しやすく、四輪車より安価で手軽な輸送手段として急速に普及した。少数ながら乗用の三輪自動車もあり、もっぱら貨物輸送用のものはオート三輪と呼ばれる。

　小回りが利くオート三輪は、町内で配達を行う個人商店や、狭い山道を往復する林業従事者に重宝された。初期は運転席がオートバイと同様のバーハンドル型が主流だったが、しだいに車体が大型化して四輪車と同様の丸ハンドル型が普及し、最終的には積載量5〜6トンのトレーラータイプまで登場した。

　とはいえ、三輪車はカーブで転倒しやすいという問題点があり、低価格化した四輪自動車にシェアを奪われていき、1959年の56万台をピークに保有台数は減少。74年には国内すべてのメーカーで生産が中止される。この段階で全国に5万台の保有台数があったが、87年には2969台にまで減ってしまった。

街中を走り回っていた。

157

今やタバコの着火にも使われない
シガーライター

誕生年	絶滅度
1920年代？	**B**
流行年	
～2000年代？	

　ひと昔前までの自動車には、コイル状に巻かれた電熱線に通電して赤熱させ、タバコに着火させるシガーライターが標準装備されていた。だが、近年は禁煙の風潮が強まったこともあり、シガーライターが装備されていない自動車も増えている。

　ただ、装備されている自動車もあるし、シガーライターはなくても、たいていの自動車にライターを装着するための電源ソケットは装備されている。灰皿はオプションあつかいで車内禁煙が主流なのに、シガーライター、ないしはその電源ソケットが装備されているのにはじつは理由がある。カーナビや修理キットのエアコンプレッサーなどの電源として使うためだ。

　もっとも、最近は電源ソケットがあっても、シガーライターを入れられない仕様のものもあるし、ソケットの代わりにUSBポートが装備された自動車もある。今後はさらにシガーライターを装備した自動車は減っていくだろう。

　なくなったものといえば、一定以上の速度を超過したときに「キンコン」という音が鳴る速度超過警告ブザーもだ。これは日本独自の法規制によって取りつけが義務化されていたが、輸入車メーカーの抗議、警告音が眠気を誘発する危険性を指摘されたことで、1986年に装備の義務づけが廃止されたためだ。

タクシーではいまだ標準装備

　自動車の手動式ウインドウも乗用車では、ほとんど見なくなった。今は電動式のパワーウインドウが一般的である。手動式には、エンジンがかかっていなくても開閉可能、腕を挟む事故が起こらないなどのメリットがあるが、開閉に力が必要で何より面倒。パーキングのチケットを取

うっかりしていると、焦ってウィンドウを開けるはめに。

るときに時間がかかるといったデメリットもあり採用されなくなった。

　だが、ライトバンやワンボックス、トラックなどの商用車では、まだ手動式ウインドウを装備している自動車もある。

　ボンネット前方の左右に設置された後方確認用のフェンダーミラーを装備した自動車も見かけなくなっている。しかし、もともと日本ではフェンダーミラーしか法律で認められておらず、ドアミラーは違法だった。1983年にドアミラー規制が撤廃されると、視界が広く、コストも安いことからドアミラーが急速に普及し、フェンダーミラーはなくなっていったのだ。

　ただし、タクシーにはいまだフェンダーミラーが多い。これは、ドアミラーだと助手席に乗客を乗せた際、後方確認をするたびに乗客のほうをチラチラと見るような動きになってしまうのを防ぐためとされている。

デコトラ

トラック野郎が華やかさを競った

誕生年	**1970年代**
流行年	**1970年代〜90年代**

絶滅度 **B**

　デコトラとは「デコレーション・トラック」の略語だ。きらびやかで派手な電飾やペイント塗装などで、車体の外装を飾ったトラックを指す。内装にも凝った装飾を施している場合も多い。

　最も注目を集めたのは1970年代だ。横浜のグループや八戸港・石巻港の「第七港町急送」が結成され、車体の豪華さを競うブームが一気に全国へ広がった。そこに注目して誕生したのが、映画『トラック野郎』シリーズ。当時は、主人公を演じた俳優の菅原文太にあこがれて、運輸業界へ入った人も多かった。そして、トラックに装飾を施すドライバーも急増した。

　1980年には日本初のデコトラ専門誌『カミオン』が創刊される。それによってデコトラを含むトラック全般の情報が幅広く知れわたるようになり、ドライバーに限らず、年齢・職業に関係なくデコトラ・ファンが急増。わざわざ自家用車としてトラックを購入し、装飾に凝る人たちもいたほどだ。

　全盛期にくらべると数は減ってきているが、今なお"デコトラック野郎"は健在。発祥の地とされている青森県八戸市では、2017年東日本大震災の被災地支援チャリティ撮影会が開かれ、全国から200台ものデコトラが集結。同じ年にはデコトラが有名ブランドのCMに登場するなど、海外からも評価されている。

国鉄時代の置きみやげだった
オレンジカード

誕生年	絶滅度
1985年	S
流行年	
1990年代	

交通系プリペイドカードの元祖といえるオレンジカードは、まだ JR が国鉄だった1985年に登場した。1000円券、5000円券などの種類があり、券売機に入れて切符を購入できた。金券としての価値もあり、雑誌やテレビ番組とコラボしたプレゼントグッズやコレクション商品としても人気が高かった。

しかし、2001年には切符を買わずにそのまま自動改札を通れるイオカードと Suica が登場。全国の JR 6 社でのオレンジカードの発行枚数は、2001年度は400万枚だったが、2011年度には215万枚に半減した。こうした事情から、オレンジカードは役割を終えたと判断され、2013年に発売を終了した。

オレンジカードの衰退に先立ち、1990年代を通じて見る機会が減っていったのが硬券の切符や硬券の定期券だ。文字どおり紙質は硬く、裏は白い。自動改札に対応した裏が黒い磁気カード式の切符や定期券が定着するまでは、硬券が普通だった。

ほかにも、国鉄の民営化後、姿を消したものは多い。一例として、底に穴が開いただけの開放式の列車便所がある。沿線に糞尿が散るので評判も衛生面も悪かった。また、車内の座席横に金属製の灰皿が設置されていたが、これも1990年代から禁煙車の増加で減少し、平成後期には完全になくなった。

食堂車

車窓を楽しみながら食事した

誕生年	絶滅度
1899年	**S**
流行年	
1958年～1960年代	

　海外のドラマや映画で登場する、乗客が食事できる車両がかつては日本にも存在した。食堂車のはじまりは1899年、山陽鉄道（現在の山陽本線）が運行した官設鉄道直通の京都～三田尻（現在の防府）間の列車に連結した食堂付1等車だった。非常に豪華で1、2等車（今のグリーン車）の乗客しか利用できなかった。

　その後、戦後の復興に合わせ、特急・急行列車などにも続々と食堂車が登場する。1958年にはビジネス特急として始まった「こだま」にビュッフェ車が登場したのを皮切りに、同年、寝台特急ブルートレイン「あさかぜ」では夕食と朝食を提供するようになる。64年に東海道新幹線が開通した際はビュッフェ車が連結された。85年には東海道・山陽新幹線に2階建て食堂車を連結した100系「ひかり」が登場、車窓を眺めながら食事が楽しめた。

　しかし、黄金時代は長くは続かなかった。70年代から徐々に食堂車は減少していく。列車のスピードが向上したことに加え、72年に発生した北陸トンネル火災事故の原因が食堂車だったことがその理由だ。また、わざわざ歩いて向かう食堂車よりも、席に座ったまま買える車内販売サービスに人気が出てきたのも大きい。最終的には北斗星やカシオペアといった寝台特急に食堂車があったが、すでに廃止されている。

巨大さが正義だった時代の象徴
ジャンボジェット

誕生年	絶滅度
1969年	**A**
流行年	
1970〜1980年代	

　21世紀の現在、最新テクノロジーの象徴といえば、スマホやドローン、AIなど、もっぱら場所を取らないものだ。しかし、かつて1960〜1970年代には"巨大なもの"こそが技術の最先端だった。旅客機のジャンボジェットはその代表格といえる。

　1969年に初飛行を果たしたボーイング747型、通称ジャンボジェットは、全長が70.7m、エンジンを4基搭載し、400〜500人もの乗員と乗客を乗せることができた。

　747型は多くの旅行者に愛された。だが、初飛行から40年以上を経ると、さすがに旧式化し、燃料費や維持コストも高騰。世界の旅客機市場は中型機へ軸足を移していった。日本の航空会社では2014年に運航を終了。ボーイング社は2022年に製造終了を予定している。

　747型と同時期に登場し、一足早く2003年に運航を終了したのが、超音速旅客機のコンコルドだ。イギリスとフランスの共同開発で、最高速度マッハ2を誇り、シャープな三角翼にトキめいた男子は多い。だが、燃料を大量に消耗するうえに、騒音がデカすぎたため使える飛行場が限られる不経済な機体だった。おかげで、巨額の投資を回収できずに赤字がかさむ事態を指すコンコルド効果という不名誉な用語を残してしまった。

| いつの間にか路上から消えた | 誕生年 **1965年** | **絶滅度** |
| はしご型の横断歩道 | 流行年 **1950〜1980年代** | **S** |

　日常的に目にする横断歩道は、平成時代初頭の1992年からデザインが変わっている。それ以前は、白いシマシマの左右に枠線があり、白いはしごを路上に置いたような形をしていた。ところが現在は、左右の枠線がなく、白いシマシマの部分だけだ。

　日本で最初に横断歩道ができたのは1920年のこと。戦後の高度経済成長に自動車が急増すると、1965年から「目」の字のようなはしご型の横断歩道が全国に広がる。だが、海外ではシマシマ部分のみが通例だ（ビートルズの「Abbey Road」のジャケット写真の横断歩道もこのデザイン）。日本でも1992年に道路標示に関する法令が改正され、以降はシマシマ部分のみとなった。

　この変更には合理的な理由がある。シマシマ部分のみのほうが、塗料が節約できて作業も簡単に済むし、自動車の運転手からは視認しやすい。加えて、雨の日には枠線で囲まれた部分に水がたまることがなく、路上の水はけもよい。

　一方、外見は大差ないまま中身が変わったのが信号機だ。従来は裸電球ランプが主流だったが、2000年代から、省電力でくっきり見える LED 式に置き換わっている。青信号は緑がかって見えるが、黄色っぽい裸電球の光と青いフィルターの色が混じった結果だった。しかし、LED 信号機は最初から青緑の光にしている。

茶の間の娯楽性を高めた
ブラウン管テレビ

誕生年	絶滅度
1920年代	
流行年	S
1960〜1990年代	

ガラスの画面に電気信号で映像を表示するブラウン管は、19世紀末に発明され、1936年にイギリスが初の商用テレビ放送を開始。第二次世界大戦後、世界に広まった。日本では1964年の東京オリンピック開催によりブラウン管テレビが普及した。

1960年代の市販テレビは画面が丸く、よく本体の下に"足"がついていた。70年代に入ると、外装に木材を用いた家具調テレビも登場。80年代の中ごろまで、チャンネルは本体のダイヤルを回す方式が主流だったため、誰がチャンネルを回すか当番制にしている家庭も多かった。そして、付属する受信機を手で微調整すると、どこかの無線が聞こえることもあったという。

また、映像の写りが悪いときはたたくという慣習があった。これはたたくと内部の電気の接触や受信状態が正常な状態にもどる場合があるからで、たたけば故障が直るわけでなかった。

ブラウン管テレビは家族が集まる茶の間に置かれた。だが、1990年代末から場所を取らない薄型テレビが普及。2011年の地上波アナログ放送終了による買いかえ需要がそれを後押しし、2015年にブラウン管テレビは生産終了した。さらに、ネット番組やワンセグ視聴の普及で、据え置きのテレビが茶の間の中心という構図も過去のものになりつつある。

「半永久保存版」とはならなかった
レーザーディスク

誕生年	**1977年**
流行年	**1980～1990年代**

絶滅度
A

「絵の出るレコード」と呼ばれたレーザーディスク（LD）は、直径30cm の円盤に映像と音声を記録した媒体で、DVD とは異なりアナログ式だ。日本ビクター、パナソニック、東芝ほか、各社は別方式の VHD を発売したが、生産の遅れからパイオニアを中心とする LD 陣営が市場の主導権を握った。

ビデオテープと比較した場合、LD の売りは極めて画質がよいことと、レーザー光によって情報を読み取るので物理的に磨耗せず、半永久的に保存できるとされた点だ。このため、映画やアニメの LD 収集に熱中したマニアは少なくない。

ところが、LD も実際には年月が過ぎると、表面のアクリル樹脂が劣化し、大枚をはたいて買い集めた作品が視聴できなくなるという悲劇が多発した。もう一つの難点がサイズだ。直径が大きく、豪華な特典や厚い解説書がついた LD-BOX は場所を取った。

こうした理由もあり、1990年代後半には、より高画質でサイズが小型の DVD に取って代わられる。一般家庭向け以外に、LD 搭載の商用カラオケ機器も普及したが、大手チェーンの店舗ではサーバーから映像と音声を受信する通信カラオケが主流となる。長く LD 市場を牽引したパイオニアは、2009年にプレーヤーの生産を終了。LD は名実ともに前時代の記録媒体となった。

アマチュア映画で重宝された
8ミリフィルム

誕生年	絶滅度
1932年	
流行年	**A**
1950~1980年代前半	

　アマチュア映画製作者にとって長らく必須アイテムだったのが8ミリフィルムである。フィルムは幅8mmと、商業映画で使われる35ミリフィルムとくらべ約4分の1のサイズで画質の精度は低かったが、その分、カメラも映写機も安価だった。

　市販のビデオソフトが普及する以前は、家庭用の8ミリ映画フィルムも販売されていたが、1本数万円と高額だった。それでも自宅で映画を観られるのは魅力だったが、家庭用スクリーンは場所を取るので、日本の狭い住宅事情には向かなかった。1980年代に入ると、ビデオデッキとビデオカメラの普及に押され、家庭用8ミリは下火となる。ビデオカメラが広まった初期は、「テレビの画面に自分が写る」という体験が画期的だった。

　21世紀に入って以降、動画撮影機能のついた携帯電話やスマホの普及によって、ビデオカメラも廃れる。しかし、DVDやブルーレイを壁やスクリーンに映写する家庭用プロジェクターは今も一定の需要があり、大画面が生む迫力と興奮は変わらない。

周りが見えず夢中で撮影した。

映像の楽しみ方を多様化させた
ビデオデッキ・テープ

誕生年	絶滅度
1975年	S
流行年	
1980〜1990年代	

　磁気テープを映像の記録に利用したビデオテープレコーダーは、1956年にアメリカで初めて発売された。ただ、サイズが大きく高価だったため、テレビ局などで業務用として使われていた。

　1975年、ソニーが比較的に廉価で小型のベータ方式ビデオテープを、続いて日本ビクターがVHS方式のビデオテープを発売。以降10年ほど二つの方式が存在し、ビデオ屋では同じ作品のベータとVHSのソフトを販売した。ベータのほうが画質はよかったが、長時間録画機能が高くて経済的なVHSが主流になる。初期のビデオデッキには20万円以上する機種もあったが、大量生産で低価格化。1990年代前半には2万円前後となった。

　普及以前は、家族や友人が同じ時間に同じテレビで同じ番組を視聴していた。だが、ビデオの普及によって放送時間にとらわれず、録画映像を何度も楽しんだり、貸し借りしたりできるようになる。映像を保存しておきたいテープは、ツメを折って上書き不可にし、背面に貼るラベルシールに工夫を凝らしたものだ。

　しかし、1995年にはより高画質かつコンパクトで、パソコンでも視聴・編集できるDVDが登場、2002年には新作映像ソフトの売上に占めるDVDとビデオの割合が逆転する。結局、日本国内ではVHS方式のビデオデッキは2016年に生産終了した。

パソコンでその名残りが見られる
フロッピーディスク

誕生年	絶滅度
1970年	
流行年	S
1980〜1990年代	

「floppy（フロッピー）」とは「はためく」という意味で、パソコン用の記録媒体のフロッピーディスク（FD）は、ペラペラの磁気ディスクをプラスチックのカバーで覆ったものだ。パソコンに挿入したFDの読み込み時と保存時にガリガリと音がした。

　1970年にIBMが発売し、8インチ（約20cm）と大きい割に容量は128KB（キロバイト）だった。やがて、CDと同じくらいの5.25インチ型が発売され、80年にはソニーがポケットに入る3.5インチ型を発売。容量も1.44MB（メガバイト）に増えた。

　生産数のピークは1996年で25億万枚を超えたが、保存容量がより大きいCD-RやDVDの普及に押され、2001年には10分の1以下に低下していき、パソコン用のFDドライブは2011年には生産終了した。ただし、現在もパソコンで使うオフィス用ソフトの「保存」のマークには、FDのアイコンが使われている場合が多い。

　同じくポケットに入るサイズで、レーザー光と磁気を併用した記録媒体が、1980年に登場した光磁気ディスク（MO）だ。容量は128MB〜2.3GBと大きかったが、専用の外付けドライブを購入しなければ使えず、自前でCDやDVDを焼けるパソコン、大容量のUSBメモリが広まると、そちらにユーザーを奪われた。

安くて手軽な行楽のお供だった
使い捨てカメラ

誕生年
1986年
流行年
1990年代

絶滅度
B

　バブル時代の前後、ちょっとした旅行や人が集まるイベントのとき、使い捨てカメラがよく使われていた。フィルムにレンズやシャッターなど最低限の撮影機能をつけたもので、町の写真屋に現像に出すと分解されてしまうので再利用はできない。ただし、フィルム以外の本体パーツはメーカーが回収して再利用されていた。正確にはレンズ付きフィルムという。

　1986年に富士フイルムが発売した「写ルンです」を皮切りに、フィルムメーカー各社が販売。フラッシュ付きや望遠レンズ付き、耐水モデルなどの高性能機種もあり、2001年には全世界で1億本もの売上があった。その後はデジタルカメラやカメラ内蔵型の携帯電話、スマホの普及によって急速に売上は低下。だが、商品によっては1200円程度と廉価で手軽なため、今もあえて使い捨てカメラのアナログ感を楽しむ愛用者はいる。

　同じく、よく旅行のお供に使われたのが、現像機能がついたポラロイドカメラ（インスタントカメラ）だ。こちらも21世紀に入って見る機会が減ったが、富士フイルムの instax〈チェキ〉は、2007年ごろから若い世代の間で人気を集め、2019年の段階で売上が1000万台におよぶ。行楽やパーティ、アイドルのファンにイベントで重宝されている。

================== 機器 ==================

現像までの時間が意外性を生んだ	誕生年 1888年	絶滅度
フィルムカメラ	流行年 1950〜1990年代	**A**

　アナログ式のフィルムカメラは、19世紀末に発明され、100年近く使われていた。感光剤の銀塩を塗った印画紙に現像するので銀塩カメラとも呼ばれた。

　撮影したフィルムは町の写真館（屋）に持ち込み、現像をお願いし、仕上がるまでの数日をドキドキして待った。現在のように撮影したその場で確認できなかったからだ。そして、いざ現像された写真を見ると、自分だけ目をつぶっていて凹んだものだ。奇怪な何かが写り込んでいて心霊写真と騒がれることもあった。

　富士フイルムが公開している資料によれば、世界の写真用カラーフィルム需要のピークは2000年で、2003年ごろから急速に下落し、2010年には10分の1以下にまで落ち込んでいる。フィルムカメラの衰退を招いたのは、デジタルカメラ（デジカメ）とカメラ機能を内蔵した携帯電話の普及だ。

　フィルムカメラとともに姿を消したものは多い。たとえば、現像時に一緒に受け取る、写真を焼き増ししたいときに必要なネガフィルムだ。アルバムと一緒に保管している人もいるだろうが、温度と湿度によって影響を受けるので注意が必要だ。

　なお、そのネガフィルムを入れておく筒状の半透明の容器フィルムケースは、そのサイズ感から小銭入れに使う人がいた。

Part.1 | 生活（衣食住）

Part.2 | 学校

Part.3 | 趣味・娯楽

Part.4 | 仕事・技術

個人レベルで音の所有を広めた
ラジカセ

誕生年	1960年代
流行年	1970〜1990年代

絶滅度 B

音の記録媒体である磁気テープは戦前からあったが、オープンリール式と呼ばれる大型のものだった。1962年にオランダのフィリップス社が手のひらに乗るコンパクトカセットを開発したうえで特許を公開し、世界標準規格となる。ほどなく、ラジオを内蔵したカセットレコーダー、すなわちラジカセが登場した。

それまでは、音楽をはじめとする音声による娯楽は、ラジオ放送のみであり、一度放送を聴いたらそれきりか、レコードを買う必要があった。しかし、ラジカセの普及によって個人が自由に録音して保有できるようになった。英語の学習を口実に親にラジカセを買ってもらって、深夜放送のエアチェック（138ページ）に若者は明け暮れた。

1979年には、ソニーが小型のラジカセにイヤホンを付属したウォークマンを発売。移動中でも好きな音楽を楽しむスタイルが広まる。さらに、82年にはCDラジカセが登場、CDから楽曲をダビングしてオリジナルテープづくりに精を出す人もいた。

21世紀に入ると、メモリースティックオーディオやネットによる配信が音楽消費の主流となる。それでも、ラジカセ愛好者はまだ多く、国内唯一のカセットテープメーカーとなったマクセルは、2020年の段階で年間800万本を出荷している。

新たな記録媒体と期待された

ミニディスク

誕生年	**1992年**
流行年	**1990年代後半**

絶滅度
S

　ポケットに入る直径64mm サイズで数十時間録音可能——1992年にソニーが発売したミニディスク（MD）は、カセットテープに代わる記録媒体と期待された。だが、CD との互換性はなく、再生専用の新譜の MD はあまり発売されず、マニアに言わせれば音質もイマイチだった。ミニディスクは2011年に生産を終了。13年には再生・録音機器の出荷も停止してしまう。

　結果的に発売時期が悪かったのだろう。1990年代後半からパソコンとともに普及した CD-R、そして2000年ごろから広まったメモリースティックオーディオとの競合に敗れたといえる。

　ちなみに、MD は CD の約半分のサイズだが、通常のカセットテープの約半分のマイクロカセットテープというものもあった。同じく消えた録音媒体には、デジタルオーディオテープ（DAT）というものもある。音質も良く、磁気テープなので編集用にわざわざ非金属（セラミック製）のハサミも発売されていた。

　さらに CD 以前、アナログレコードの時代に安価な録音媒体として重宝されたのがソノシートだ。塩化ビニール製のペラペラなレコードで、外見はクリアーレッドが多かった。1960年代にはアニメや特撮ヒーローの絵本とソノシートを組み合わせ、ボイスドラマや主題歌が聞けるムックが流行していた。

ワープロ専用機

時間が経つと文字が消えた

誕生年	流行年	絶滅度
1978年	1991年	S

　パソコンが普及する以前はワードプロセッサ、通称ワープロが使われていた。文書作成の先祖といえば、タイプライターだ。日本では1915年に「邦文タイプライター」が発売されたが、キーボードも漢字変換機能もなく、2000字以上の文字盤から必要なカナや漢字を拾って打つものだった。その後、1978年に東芝が初の日本語ワープロ「JW-10」を発売したが、デスクと一体の巨大なもので、その値段はなんと630万円だった。

　1980年代中ごろから低価格化が進み、NEC の「文豪」、シャープの「書院」、富士通の「OASYS」といった商品が人気を博す。個人が日本語を活字にできるのは画期的で、出版社や大学では手書き原稿をワープロで清書するアルバイトもあった。

　多くのワープロ専用機はプリンタが一体で持ち運びできるのが便利だった。プリントにはインクリボンがいらない感熱紙がよく使われたが、時間がたつと字が薄れてしまうのが難点だ。文字はパソコンと同じ「半角」「全角」だけでなく、横長に拡大した「2倍角」や「4倍角」が使える機種も多かった。

　そんなワープロ専用機、出荷台数のピークは1991年で、1990年代後半にネットに接続したパソコンが普及してプリントの必要が減ると衰退し、2001年ごろには次々と生産を終了した。

年末年始に一家総出で作業した
年賀状の大量印刷

誕生年	流行年	絶滅度
1899年	1950〜1990年代	A

　新年のあいさつ状を送る習慣は明治時代の郵便制度とともに浸透した。旧郵政省は、1899年から年賀郵便の取りあつかいをスタート。1949年末には、お年玉くじ付き郵便はがきが登場する。

　子どもや主婦、学生にも年賀状づくりは年末の大きなイベントだった。それが社会人であったならなおのこと、上司や取引先などを含めると数百枚もの年賀状を書いていた。そして、その大量印刷を請け負う町の小さな印刷屋にとって年末は稼ぎ時だった。

　そんな中、1977年に理想科学工業から小型印刷機「プリントゴッコ」が発売されると、年賀状の大量印刷を自宅で行う家庭が増える。手順としては下絵を描き、内蔵のフラッシュランプの熱で焼きつけて製版する仕組みだ。印刷時は光がまぶしいうえ、熱で暑かった。枚数が多く、家族に手伝ってもらいながら作業した。

　1990年代後半になるとパソコンが普及し、各社から住所管理機能も備えた年賀状デザインソフトが発売される。このため「プリントゴッコ」は需要が低下し、2008年には本体が販売終了。消耗品のインクやフラッシュランプも2012年に販売終了した。

　年賀はがきの発行数は2003年の44億5936万枚がピークで、電子メールの普及や企業の経費削減もあり、2021年には21億4334枚に低下した。ただ、この数値は1970年ごろとほぼ変わらない。

エリート社員のアイテムだった	誕生年 **1980年代**	絶滅度
# 電子手帳	流行年 **1990年代前半**	**A**

　バブル時代、「仕事をたくさん抱えている」「多くの人とつき合いがある」といったビジネスパーソンが愛用したのがシステム手帳である。穴あきファイルにとじる形式なので、ページを増やしたり、普通のメモ帳のほか、住所録、名刺ホルダー、カレンダーほかを組み合わせ、自由にカスタマイズできた。

　同時期には、似たような用途の電子文具も次々と発売された。代表格は、電卓やスケジュール管理、カレンダー、辞書などを液晶画面に表示できる電子手帳だ。場所を取らず、筆記具を必要としない最先端ツールだった。とはいえ、初期の電子辞書は使い勝手がイマイチだった。JIS（日本産業規格）の定める文字コードが第2水準以上とされる旧字体や難読漢字（薔薇、嗅、瞼など）が含まれず、辞書を引かなくてもわかる小中学校レベルの漢字や熟語しか載っていない製品もあった。

　これらの機能なら「すべてスマホで事足りる」と考えるのが現代人だろう。まさに携帯端末とそのアプリケーションソフトの発達によって、電子文具はほぼ淘汰されていった。ただ、大量の文字を打つのは、キーボードのほうが得意な人も少なくない。このため、キングジムが2008年に発売したキーボード式電子メモの「ポメラ」は、今も一定数の愛用者がいる。

個々人がつながる感覚を広めた

ポケベル

誕生年	絶滅度
1968年	**S**
流行年	
1990年代	

　携帯できる小さな無線受信端末のポケットベル、通称ポケベルは、1968年に電電公社（現在のNTT）がサービスを開始した。初期は呼び出し音が鳴るだけで、外回りのサラリーマンが会社や取引先から連絡を受け、近くの電話機で返答するのが通例だった。

　1985年から液晶パネルで数字（電話番号）が表示できるようになり、さらに短い文章を表示できる機器も登場。90年代に入ると若者の必須アイテムとなる。本来は相手に自分の電話番号を伝えて返答の電話を求めるツールだが、「0840」と書いて「おはよう」と読ませたり、数字の組み合わせによってポケベル同士だけでメッセージを送り合ったりする暗号のような技術が発達した。

　携帯電話が普及する以前は、固定電話しかなく、個人宅や職場など連絡できる場所は限定された。だが、ポケベルは初めて、個々人がどこにいても、いつでもつながっているという感覚を、現代のSNSに先駆けて世の中に広めたといってもよい。

　1997年には加入数が1000万件を超えたが、携帯電話の普及にともない利用者は減り、2001年には加入数が144万件に落ちた。ポケベルの後継サービスでNTTドコモが提供していたクイックキャストは07年に終了、同じくポケベルの後継サービスで東京テレメッセージによるマジックメールも2019年に終了した。

=== 機器 ===

ガラケーより安くてお得だった
PHS

誕生年 1995年	絶滅度
流行年 1990年代後半	S

PHS（Personal Handy-phone System）は携帯電話と異なり、専用アンテナを通じて固定電話用の一般回線を使用する。いわば、家庭用のコードレスフォンを外で使えるようにしたものだ。

このため、携帯電話より音質がよく、基本料金も2005年の段階で月額2000 〜 3000円程度とお得だった。また、電力消費が少ないので長時間通話でき、端末自体も軽くて安価だった。加えて、携帯電話よりも電磁波が弱いので医療機器に与える影響が少ないため、大きな病院では長らく医師や看護師に重宝された。

その代わり、使える範囲はアンテナから100 〜 200メートルに限られ、アンテナが近くにない場所ではつながりにくかった。

1997年には加入数が700万件を突破。このころはポケベル（177ページ）からPHSに乗りかえる若者が多く、女子高生の間で「ピッチ」という通称が広がる。だが、料金が低下した携帯電話に乗りかえる人が続出。利用者の減少により、NTTは2008年に、ソフトバンクとKDDIも2021年にPHSのサービスを終了した。

見分けがつきにくかった。

━━━━━ 機器 ━━━━━

操作の基本はキーボード入力
Windows以前のOS

誕生年	**1960年代**
流行年	**1980年代**

絶滅度
A

　パソコンもスマホも、操作するにはまず画面のアイコンを選択するのが通例だが、こうしたシステムはグラフィカル・ユーザー・インターフェース（GUI）と呼ばれる。アップルは1984年に発売した初代 Macintosh から GUI を採用。本格的に GUI が普及したのは、1990年代にマイクロソフトのオペレーションシステム（OS）である Windows が広まってからだ。

　OS とはパソコンを動かす基本ソフトで、Windows 以前は、同じくマイクロソフトの MS-DOS、IBM とマイクロソフトが共同開発した OS/2 などがあった。シャープが自社製の X68000シリーズ用に開発した Human68k のように、メーカー独自の OS もあり、アップルは現在まで自社製の MacOS を使用している。

　各社で OS が異なると互換性がなく不便だ。日本では1980年代に共通規格 OS の TRON（トロン）が開発されたが、アメリカは輸入を制限し、市販のパソコン用に定着しなかった。その後、ネットの普及とともに OS の統一は必然となり、1995年に Windows95が発売されると、世の OS は Windows が多数を占める。

　GUI が標準になる前の OS といえば、黒い画面にキーボードで英語のコマンド（命令）を入力しており、古参の IT エンジニアには、GUI よりこの操作法に慣れている人も少なくない。

電話とネットが併用できなかった

アナログ回線

| 誕生年 | 1869年 |
| 流行年 | 1890〜1990年代 |

絶滅度 **A**

現代の電話やインターネットは、音声や情報を「0」と「1」の組み合わせに変換して送受信するデジタル回線が主流だ。だが、明治時代から100年以上はアナログ回線が使われてきた。

アナログ回線の時代、パソコン通信やインターネットは、コンピュータのデジタル情報をアナログ変換して電話回線に送るモデムを介していた。電話機からモデムを通じてプロバイダに接続（ダイヤルアップ接続）するときの、「ビーッ、ヒョロロロ」という独特な音を覚えている人は多いだろう。

モデムの普及以前は、音響カプラというものが使われていた。電話の受話器にかぶせて、コンピュータのデジタル情報を音声に変換して送受信するもので、通信速度はかなり遅かった。

大容量の情報通信はデジタル回線のほうがすぐれており、NTTは1980年代にデジタル通信サービスを開始。電話機でモデム接続中は通話ができなかったが、1988年にスタートしたISDN（統合デジタル通信網）は、常時接続でネットと電話が併用できた。

1999年には、アナログ回線を使用しつつ高速で常時接続でネット利用ができるASDLが登場した。なお、光ファイバーを利用したデジタル回線の敷設が急速に進んでおり、NTTは2024年にアナログ回線の廃止を予定している。

威勢のいい大人たちの社交場
ディスコ

誕生年	絶滅度
1960年代後半	**B**
流行年	
1970年代後半〜90年代	

　ディスコは1960年代後半には日本に上陸していたが、本格的に流行したのは、世界中のディスコブームの火付け役である映画『サタデー・ナイト・フィーバー』（ジョン・トラボルタ主演）の大ヒットによるところが大きい。実際、この映画を機に新宿、渋谷、六本木、池袋などに多数のディスコが開業。それまで不良のたまり場というイメージが刷新され、大衆化した。

　いったん停滞期はあったものの、ディスコは80年代中ごろから息を吹き返す。このころ流れていた曲はユーロビートに代表される、コンピュータを使った打ち込み系の音楽が多く使われ始めていた。邦楽では荻野目洋子、Ｗｉｎｋがユーロビートの曲をカバーし、ヒットしていた。しかし、88年に六本木ディスコ照明落下事故が発生したことでブームはまたも衰退する。

　次にディスコが再燃したのが80年代末、バブル全盛期のころだ。91年に湾岸地区（ウォーターフロント）に誕生した巨大ディスコのジュリアナ東京が一大ブームに。ボディコン姿の女性たちが羽根つきの扇子ことジュリ扇を振り回し、高さ130cmの巨大お立ち台で踊る姿が一つの社会現象として話題になった。

　1990年代以降は、ディスコに代わってクラブという言い方が一般的になり、少人数の客を相手にする小規模店が増えている。

ちょっとした非日常の空間だった

デパートの屋上が遊園地

誕生年 1907年	絶滅度
流行年 1950~1970年代	A

　日本で百貨店（デパート）が登場したのは20世紀のはじめで、1907年には三越日本橋店が店舗の屋上に庭園をつくった。1920年代には各地の大都市で駅前に百貨店が建てられ、松坂屋銀座店では屋上にトラやライオンがいる動物園までオープンした。

　戦後の高度経済成長期は、屋上に小型の観覧車や列車、コインを入れて動かす動物型の乗り物などを備えた店舗が増加。さながらデパートの屋上が遊園地と化した。ヒーローショーほか、子ども向けのイベントも盛んに開かれた。

　ところが、1970～1980年代にデパートやホテルでの大規模な火災が相次いだため消防法が改正され、屋上に避難場所を確保することが義務づけられ、大型の動力遊具の設置は困難となる。

　加えて、1990年代には郊外型ショッピングモールや、家電量販店などに客が流れていき、21世紀に入ると、各地の老舗百貨店の倒産が相次いだ。こうした事情もあり、屋上に遊園地のある百貨店は、今や全国で10店に満たない。

　もう一つ、百貨店の屋上から消えたものとして、空に浮かぶアドバルーンがある。各地の大都市では、平成中期から屋外広告条例が厳しくなり、しかも高層建築が増えた結果、目立たなくなったアドバルーンは廃れていった。

飲料から食品、日用品まで 多種多様な自動販売機

誕生年	1960年代中期
流行年	1970〜1980年代

絶滅度 A

　飲料の自動販売機は今も大量にある。だが、ガラス瓶の飲料を売っている自販機は昨今見なくなった。硬貨を投入後、手で重たい扉を開けて中から商品を出すのが通例で、王冠を取る栓抜きが外側についていた。1990年代の中期から軽くて安価なペットボトル飲料が普及すると、急速に姿を消していった。

　また、かつて地方のパーキングエリアやゲーム施設でよく見たのが食品自販機である。代表例は1970年代前半に富士電機が発売したもので、箱に入ったハンバーガーや、器に盛られたうどん、そばがアツアツの状態で出てくる。ラーメン、カレー、トーストなどの自販機もあり、金額は200〜300円程度だった。飲食店がない場所で温かいものが食べられるのは便利だったが、コンビニやインスタント食品の普及によって、1990年代には減っていった。

　1970〜1980年代はエロ本の自販機も多かった。小さな出版社によるものが多く、エロ以外のページは、編集者やライターの趣味に走ったマニアックなルポや雑学記事も載っていた。

男子高校生の禁断の花園だった。

人気漫画の主人公も利用した
駅の伝言板

誕生年	絶滅度
1900年代	**A**
流行年	
1950〜1980年代	

「携帯やスマホがなかった時代、待ち合わせはどうしていたんですか?」——年少者にこう聞かれたとき、駅の伝言板を挙げる大人は少なくないだろう。多くの伝言板は、チョークを使って書き込む黒板型で、時間と名前や要件を記す欄があり、一定時間が過ぎると駅員が消すのが通例だった。駅によっては、ホワイトボードや、自由にメモを貼りつけられるタイプもあった。

伝言の内容は、たとえば「先に店で待っています。一郎。5時」「××に電話してください。良子。2時」といったものだが、見知らぬ者同士がメッセージを送り合う交流の場にもなった。

1980年代後半〜1990年代前半の漫画『シティーハンター』では、JR新宿駅の伝言板に「xyz」と書き込むことが、主人公への仕事依頼のメッセージとなっていた。「どこにいるのかわからない相手に連絡するため、不特定多数の目にさらされる場で、秘密の暗号を使う」という演出だが、1990年代後半には携帯電話が普及したため、こうした表現は急速にリアリティを失っていった。

イタズラで書き込む人もいた。

卓上おみくじ器
注文が来るまでのお楽しみだった

誕生年	1960年代
流行年	1970〜1980年代

絶滅度 A

　喫茶店などの個人経営の飲食店に行くと、卓上おみくじ器がよく置いてあった。自分の星座を選んで上部に硬貨を入れ、レバーを動かすと、下から運勢の書かれたおみくじが出てくる。

　かつては複数のメーカーから発売されていたが、現在は岩手県内に工場を置く北多摩製作所のみが製造・販売している。同社の製品は本体が球形で上部にルーレットがあり、筒状になったおみくじが出てくるのが特徴。他社の製品では、本体が樽型のもの、上部が灰皿になっていたり、店員の呼び出し器になっているもの、おみくじが球形のカプセルで出てくるものなどがあった。

　また、硬貨を入れると黄色やピンクなどカラフルな球体のガムが出てくる、卓上ガムボール販売機を置く店舗もよくあった。いずれも1990年代中ごろ以降、大手チェーン飲食店の台頭による個人経営の飲食店の減少で目にする機会が減った。だが、一部ではレトログッズとして人気で、2021年にバンダイは北多摩製作所の製品を1/2サイズにしたミニおみくじ器を発売している。

　ほかに、個人経営の飲食店ではほぼ必ず目にしたのが、灰皿と、店名の入ったマッチ箱だ。映画やドラマでは、背広からバーのマッチが出てきて妻に夜遊びがバレる場面がよく出てきた。しかし、これも喫煙 NG の店舗が増えたことで見なくなって久しい。

丸型ポスト

じつは赤一色とは限らない

誕生年	絶滅度
1901年	**B**
流行年	
1950〜1960年代	

　円筒状の丸形ポストは、日本では明治末期の1901年に登場した。高さ135cm、直径40cm、上部は学生帽のような形状で、差し出し口にはひさしがついているのが特徴だ。じつは、初期のポストは黒一色だったが、街灯が普及する以前は、夕暮れともなると見落としやすかった。そのため、丸形ポストを導入するとともに、目立つ赤にすることが一般化した。

　明治、大正、昭和と使われてきた丸形ポストだが、1970年代以降、より郵便物を収集しやすい角形ポストに置きかわっていく。現在も使われている丸形ポストが占める割合は、郵便ポスト全体のうちの約３％、5000本以上だという。日本各地には、地元の名物としてあえて丸形ポストを残している郵便局もあり、青や黄色などに塗られたものもある。

　余談ながら、1960 〜 70年代には白ポストというものが広まった。郵便物ではなく、有害図書を入れる箱で、単刀直入にいえば、エロ本の捨て場所だ。これも、紙の本に代わるアダルト系ネットメディアの普及で目立たなくなっている。

見られないよう慌てていた。

タダで冷たい水が飲めた
冷水機

誕生年	1966年
流行年	1970〜1990年代

絶滅度 B

四角い台の下のペダルを踏むと冷たい水が飛び出し、口を近づけて飲む冷水機は20世紀のはじめに登場し、各地の役所や学校、病院、図書館、博物館、イベントホールなどで見かけた。

東京都内では、1966年に初めて地下鉄銀座駅に冷水機が設置され、その後は多くの主要駅に取り入れられた。暑い夏の時期は乗客に重宝されたが、1990年代には自販機で買えるミネラルウォーターが普及した影響もあり、利用者はしだいに減少。このため2010年代に入ると廃止する駅が増え、東京メトロ地下鉄では2018年に完全に姿を消してしまった。

同じく、国鉄時代の地方の路線や特急車両は、車内に紙コップで飲むタイプの冷水機を置いていたが、同様の理由で1990年代からしだいに姿を消していく。

鉄道の駅や列車以外では、冷水機が現役の場所は少なくない。ただ、2020年の新型コロナウイルス流行をきっかけに使用を制限した施設もある。

また、近年は下部のペダルを踏む角形に代わって、側面のボタンを押す洗面台形の冷水機が増えている。とはいえ、接触による感染を防ぐ意味では、旧来の足でペダルを踏むタイプのほうが都合がよかったはずで、いささか皮肉な事態ともいえる。

青春の一コマを彩った
公衆電話

誕生年	絶滅度
1900年	**B**
流行年	
1974年〜90年代	

　携帯電話がなかった時代、外出先での通信手段は公衆電話だった。「家族に内容を聞かれるのが嫌で、小銭を握りしめて近くの公衆電話へ走った」「寒い中、テレホンカードを何枚も用意して電話ボックスで好きな人と長話をした」など、公衆電話にまつわるエピソードには、どこか甘酸っぱい青春の香りがする。

　公衆電話が誕生したのは、まだ自宅に固定電話すらなかった明治時代、1900年だ。全国的に普及したのは戦後である。最初は1953年に目立つようにと赤く塗られた赤電話が誕生。そこから一気に利用者が増え、72年には100円硬貨が使える黄電話が登場する。74年ごろには公衆電話がどこででも見かけるようになった。80年代に入り、テレホンカードを使って通話ができるカード式公衆電話機がお目見えする。目印はグリーンのボディだ。

　ところが、90年代後半から携帯電話が爆発的に普及し、公衆電話の利用者が激減したため撤去が相次ぐ。さらに21年4月、ＮＴＴ東日本、ＮＴＴ西日本はその4分の1にあたる2万7000台までに減らす案を公表した。公衆電話維持による赤字解消のためだ。ただ、東日本大震災の際、公衆電話からは電話がつながったということもあり、今後は災害時の通話手段確保のため、災害時用公衆電話の普及を進める方針で、消滅することはなさそうだ。

索引

赤チン	33	ガリ版刷り	84
赤電話	188	ガングロ	10
アクション刑事ドラマ	132	缶蹴り	108
揚げパン	65	完投	93
朝シャン	30	消える魔球	106
足踏み式ミシン	47	企業戦士	27
アッシー	127	黄電話	188
アッシー君	20	騎馬戦	71
アドバルーン	182	キーパンチャー	153
アナログ回線	180	キープ君	20
アナログレコード	138	ぎょう虫検査	72
アベック	22	巨大なピン	146
網に入った石けん	76	木彫りの熊	119
アルコールランプ	85	金属製の灰皿	161
アンノン族	12	銀玉鉄砲	105
イイクニ（1192）つくろう鎌倉幕府	58	クイックキャスト	177
家付きカー付きババ抜き	26	くじら肉	65
石綿付き金網	85	口裂け女	125
いちご用スプーン	40	クッシー	127
イッシー	127	組体操	71
うさぎ跳び	63	軍艦マーチ	112
ウーパールーパー	117	硬券の切符	161
エアチェック	138,172	硬券の定期券	161
駅の伝言板	184	公衆電話	188
駅弁売り	148	香水鉛筆	81
エースで4番	92	紅茶きのこ	31
エレベーターガール	149	コギャル	10
遠足	69	腰洗い槽	61
鉛筆削り器	82	5時から男	27
応接間	38	ゴム跳び	108
お立ち台	181	ゴールデンゴール方式	96
オート三輪	157	コンコルド	163
オヤジギャル	11	昆虫採集セット	62
オレンジカード	161	コント番組	133
音響カプラ	180	サイドアウト制	97
回転ジャングルジム	109	竿竹屋	144
開放式の列車便所	161	先割れスプーン	64
香り付き消しゴム	81	雑誌の文通相手募集	139
傘を使ってショット練習	99	サドンデス	96
家事手伝い	21	サーブ権	97
ガス風呂釜	45	三角パック	37
カセットテープ	173	三行広告	141
肩掛けセーター	17	三助	150
型抜き	110	3低	26
家庭訪問	67	シガーライター	158
蚊帳	44	シティ・ポップ	122
火曜サスペンス劇場	38	士農工商	58
カラス族	12	しばらくそのままお待ちください	136
ガラス瓶の飲料	183	渋谷系	122
カラーひよこ	110	シベリアンハスキー	117

索引

死亡広告 141
写植オペレーター 153
シャンデリア 39
ジャンボジェット 163
宿直 152
手動式ウインドウ 159
ジュリアナ東京 13
ジュリ扇 181
省エネルック 15
焼却炉 66
昭和の新入社員 53
植字工 153
食堂車 162
食品自販機 183
書道教室 155
白ポスト 186
新人類 24
人面魚 125
人面犬 125
スイーツブーム 34
ステテコ 18
砂の嵐 136
スプーン曲げ 126
スマートボール 112
ズロース 18
聖子ちゃんカット 28
接待ゴルフ 99
洗眼用の水道蛇口 60
銭湯絵師 150
速度超過警告ブザー 158
ソノシート 173
ソフトめん 65
そろばん教室 155
タイプライター 174
ダイヤルQ2 113
ダイヤル式の黒電話 48,49
駄菓子屋 154
卓上おみくじ器 185
竹の子族 12
ダフ屋 156
多面式筆箱 80
だるまストーブ 42
短ラン 86
地方競馬から中央競馬へ挑戦 101
チャルメラ 59
長ラン 86
チョーク投げ 56
使い捨てカメラ 170
ツチノコ 127
ツッパリ 25

ツナグ君 20
ディスコ 181
デコトラ 160
デジタルオーディオテープ 173
鉄道ストライキ 52
テトラパック 37
デパートの屋上が遊園地 182
テレビ情報誌 140
テレホンカード 188
伝言ダイヤル 113
電子手帳 176
店名の入ったマッチ箱 185
電話交換手 147
電話の連絡網 68
豆腐売り 145
トーテムポール 75
ド派手なスキーウェア 121
飛び込み 61
とりあえずビール 53
仲人 115
納豆売り 145
二級酒 36
2時間ドラマ 135
24時間戦えますか 27
二槽式洗濯機 46
二宮金次郎像 74
2本立て上映 123
ニューサマースーツ 15
ニュートラ 14
仁徳天皇陵 58
ネガフィルム 171
ネッシー 127
練り消しゴム 81
年賀状の大量印刷 175
ノストラダムスの大予言 124
ハエ取り紙 43
白線用の消石灰 78
箱ブランコ 109
はしご型の横断歩道 164
外れ馬券が紙ふぶきのように舞う 100
はだ色 83
8ミリフィルム 167
パッド入りスーツ 16
ハデ婚 115
派手な演出の結婚式 114
はないちもんめ 108
花金 116
ハマトラ 14
ハワイ旅行 130
番台 151

バンダナ	19	
パンチカード	153	
パンチパーマ	29	
半ドン	51,116	
光磁気ディスク	169	
低いトスのサーブ	98	
ビデオテープ	168	
ビデオデッキ	168	
ビートパンク	122	
ヒバゴン	127	
秘密基地	107	
100円プラモ	104	
百葉箱	75	
百科事典	39	
ビン牛乳	64	
分厚い電話帳	50	
ファミコン	111	
フィルムカメラ	171	
フィルムケース	171	
フェレット	117	
フェンダーミラー	159	
覆面レスラー	94	
父兄参観	67	
不幸の手紙	129	
プー太郎	21	
不透明決着	95	
フードカバー	44	
ぶら下がり健康器	32	
ぶら下がり式シーソー	109	
フラッシュをたいて写真を撮る	100	
フラットスリー	96	
フラフープエクササイズ	32	
フルーツ牛乳	151	
フロッピーディスク	153,169	
ブラウン管テレビ	165	
ブルセラショップ	87	
ブルマー	87	
プロボウラー	146	
プロ野球の乱闘	90	
プロ野球の試合中継	137	
粉末の歯磨き剤	41	
ペナント	118	
ポケベル	177,178	
ぽこぺん	108	
ボディコン	13,16	
ポラロイドカメラ	170	
ポリ茶瓶	119	
ポロリ	131	
ボンタン	86	
ボンタン狩り	86	
ボンナイフ	82	
本命君	20	
マイクロカセットテープ	173	
マジックメール	177	
まだ見ぬ強豪	95	
マーフィーの法則	120	
丸形ポスト	186	
丸刈りの強制	63	
ミステリーサークル	128	
ミツグ君	20	
メッシー君	20	
ミニディスク	173	
めんこ	103,108	
野球拳	131	
薬式のスターターピストル	70	
大和朝廷	58	
ヤマンバギャル	10	
ヤンエグ	23	
呼び捨て	57	
ラジカセ	172	
ランキング形式の歌番組	134	
理科の授業で解剖	62	
リーゼント	25,29	
リヤカー	145	
冷水機	187	
レコード	172	
レーザーディスク	166	
練習中に水を飲んではいけない	63	
レンズ付きフィルム	170	
ロケット鉛筆	79	
廊下に立たせる	57	
ロスタイム	96	
ローラーゲーム	102	
ローラー族	12	
和式トイレ	77	
ワープロ	174	
わら半紙	84	
ワンレン	13,16	
ASDL	180	
BCGワクチン	72	
FMチェック	138	
Human68k	179	
ISDN	180	
LDジュークボックス	146	
MS-DOS	179	
OS/2	179	
PHS	178	
TRON	179	
Vゴール方式	96	
DCブランド	12,23	

ブックデザイン	井上祥邦
DTP	造事務所
執筆	いのうえりえ
	佐藤賢二
	奈落一騎
イラスト	山里將樹
編集	石沢鉄平（株式会社カンゼン）

絶滅事典
20世紀末モノ＆コトカタログ

発行日	2021年9月22日　初版
編　著	造事務所
発行人	坪井 義哉
発行所	株式会社カンゼン
	〒101-0021
	東京都千代田区外神田2-7-1 開花ビル
	TEL 03（5295）7723
	FAX 03（5295）7725
	http://www.kanzen.jp/
	郵便為替 00150-7-130339
印刷・製本	株式会社シナノ

©ZOU JIMUSHO 2021
ISBN 978-4-86255-615-8　Printed in Japan

定価はカバーに表示してあります。
ご意見、ご感想に関しましては、kanso@kanzen.jp まで
E メールにてお寄せ下さい。お待ちしております。